미디어 불교홍보, 이렇게 하자

대한불교조계종 미디어위원회

조계종
출판사

미디어 불교홍보, 이렇게 하자

초판 1쇄 : 2013년 4월 1일

지 은 이 : 대한불교조계종 미디어위원회
집필위원 : 이동식 권복기 김석종 김성모 김성호 박승규 서기철 서쌍교
　　　　　서화동 오기현 유권하 윤영찬 이동애 이선민 이종승
　　　　　정성후 정순경 정천기 허 엽 황선욱
대표집필 : 이희용

발 행 인 : 이자승
편 집 인 : 김용환
펴 낸 곳 : (주)조계종출판사

출판등록 : 제300-2007-78호
주　　소 : 서울 종로구 견지동 13번지 대한불교조계종 전법회관 7층
전　　화 : (02) 720-6107~9　　**팩 스** : (02) 733-6108
도서보급 : 서적총판사업팀 (02) 998-5847
구입문의 : 불교전문서점 (02) 2031-2070~3 / www.jbbook.co.kr

ⓒ 대한불교조계종 미디어위원회
ISBN 978-89-93629-95-8　 13070

※ 본문 중 사진 일부는 한국불교문화사업단과 연등회보존위원회에서 제공하였습니다.
※ 책값은 뒤표지에 있습니다.
※ 저작권법에 의하여 보호를 받는 저작물이므로 무단으로 복사, 전재하거나 변형하여
　 사용할 수 없습니다.
※ (주)조계종출판사의 수익금은 포교·교육 기금으로 활용됩니다.

미디어 불교홍보, 이렇게 하자

대한불교조계종 미디어위원회

| 발간사 |

불교의 행복, 미디어를 통해 전하세요

　현대사회는 한순간에 시간과 공간을 초월하여 많은 사람들과 소통하는 미디어의 시대입니다. 제석천 인드라망의 그물코처럼 손바닥 위의 스마트폰을 통해 온 세상과 연결되고, 세상의 저쪽을 비추어 볼 수 있는 놀라운 세상입니다.

　부처님의 가르침과 한국불교의 전통문화를 더 많은 사람들과 나누기 위해서는 현대의 미디어를 잘 이해하고 활용할 줄 알아야 합니다. 또한 본인의 의사와는 무관하게 잘못 전달되는 소문과 정보를 바로잡기 위해서도 미디어와 언론매체를 알아야하는 것은 필수적입니다.

　종단차원에서는 미디어의 활용과 불교의 현대적 홍보를 위해 본말사 주지연수교육, 강좌개설 등의 노력을 해왔습니다. 그러나 불교적 입장에서 미디어 및 홍보에 대한 전체적인 이해와 활용을 할 수 있는 교재가 없었던 것이 사실입니다. 이런 점을 아쉬워하던 차에 대한불교조계종 미디어위원회에서 뜻을 세워 ≪미디어 불교홍보, 이렇게

하자≫를 발간하게 되었습니다.

바쁜 가운데에서도 시간을 쪼개서 대표집필을 해주신 이희용 위원님 그리고 감수와 제작에 함께 애써준 모든 미디어위원들과 출판사 관계자들께 이 기회를 통해 감사를 드립니다.

≪미디어 불교홍보, 이렇게 하자≫의 발간과 함께 종무행정학교 등의 종무원 교육을 통해 미디어 교육이 지속적으로 진행될 예정이며, 이러한 과정에서 부족한 점이 보완되어 가리라 생각합니다. 모쪼록 이 책이 종단 구성원들의 미디어 홍보에 대한 이해를 높이고 홍보활동이 활성화 되는 계기가 되기를 바랍니다. 그리하여 한국불교가 가진 무한한 멋과 맛, 아름다움과 깨달음이 모든 이들과 함께 할 수 있기를 기원합니다.

대한불교조계종 총무원 기획실장 **주 경**

목 차

제1장 언론 홍보란 무엇인가
1. 홍보란 무엇인가 ··· 15
   【 홍보와 광고의 장단점 】
2. 왜 홍보를 해야 하는가 ··· 18
3. 홍보는 어떻게 하는가 ··· 20

제2장 뉴스란 무엇인가
1. 어떤 소식이 뉴스가 되는가 ··· 25
   ① 저명성
   ② 영향성
   ③ 시의성
   ④ 근접성
   ⑤ 갈등성
   ⑥ 신기성 · 의외성
   ⑦ 인간적 흥미성
2. 언론은 무엇을 원하는가 ··· 28
   ① 사안의 핵심이나 주제가 단순 명료해야 한다
   ② 언론은 '최(最)'자를 좋아한다
   ③ 유행에 민감하다
   ④ 통계에 약하다
   ⑤ 숫자를 좋아한다
   ⑥ 여론조사를 선호한다

⑦ 기념일을 꼭 챙긴다
⑧ 사람 이야기가 가장 재미있다
⑨ 뉴스메이커를 쫓는다
⑩ 사진이 있어야 기사가 커진다

제3장 언론이란 무엇인가

1. 언론은 어떻게 생겨났는가 ··· 39
2. 인쇄매체란 무엇인가 ··· 40
　　① 신문이란 무엇인가
　　【 신문의 종류 】
　　【 신문사의 조직 】
　　【 신문 지면의 이해 】
　　【 신문사의 하루 】
　　② 뉴스통신이란 무엇인가
　　③ 잡지란 무엇인가
3. 방송이란 무엇인가 ··· 49
　　① 지상파방송이란 무엇인가
　　【 방송사의 조직 】
　　【 방송사의 하루 】
　　② 유료방송이란 무엇인가
　　【 케이블TV란 무엇인가 】
　　【 위성방송·DMB·IPTV란 무엇인가 】
4. 뉴미디어란 무엇인가 ··· 56
　　① 인터넷이란 무엇인가
　　【 인터넷신문이란 무엇인가 】

【 인터넷 포털이란 무엇인가 】
② 모바일이란 무엇인가
③ 블로그란 무엇인가
④ SNS란 무엇인가

제4장 언론인은 누구인가

1. 기자는 누구인가　　　　　　　　　　… 69
　① 엘리트 의식이 강하다
　② 자존심이 세다
　③ 경쟁의식이 치열하다
　④ 전근대적 인간관계가 존재한다
　⑤ 깊이 파기보다는 넓게 안다
　⑥ 정의감이 살아 있다
　⑦ 사람을 좋아한다
　⑧ 호기심이 많고 부지런하다

2. PD는 누구인가　　　　　　　　　　… 81
　① PD는 창조자다
　② PD는 기획자다
　③ PD는 지휘자다
　④ PD는 종합예술가다
　⑤ PD는 자유분방하다
　⑥ PD는 디테일에 강하다
　⑦ PD는 끈질기다
　⑧ PD는 시청률에 목을 맨다

3. 그 밖의 언론인은 누구인가　　　　… 91

제5장 언론을 어떻게 대하고 활용할 것인가

1. 언론인을 대할 때 명심해야 할 십계명 ··· 95
① 언론의 고유 역할을 인정하라
② 언론사를 차별하지 말라
③ 기자는 언론사를 대표한다
④ 늘 기삿거리를 제공하라
⑤ 민첩하게 행동하라
⑥ 약속 시간을 어기지 말라
⑦ 거짓말을 삼가라
⑧ 압력을 넣는다고 느끼지 않도록 하라
⑨ 지나친 향응이나 섣부른 촌지는 화를 부른다
⑩ 기자끼리는 경쟁자지만 동반자이다

2. 매체별 언론인 응대법과 언론 활용법 ··· 103
① 일간지 기자와는 늘 끈끈한 관계를 유지하라
② 방송 기자에게 관심 쏟는 것도 잊지 말라
③ 기사 가치는 사진과 영상이 좌우한다
④ 뉴스통신의 파급효과에 주목하라
⑤ 외신사도 요긴한 홍보 창구다
⑥ 인터넷 매체를 적절히 활용하라
⑦ 전문지가 해당 분야의 여론을 좌우한다
⑧ TV 뉴스 말고도 프로그램은 많다
⑨ 라디오는 살아 있다
⑩ 수백 종의 잡지에도 관심을 기울여라
⑪ 시민기자 · 블로거 · SNS의 영향력을 무시 말라
⑫ 사이비 기자 대응법

【 사이비 기자 식별법 】
【 한 번 요구 들어주면 끝이 없다 】

제6장 불교 홍보를 어떻게 할 것인가

1. 종교 홍보는 어떻게 다른가 ··· 117
2. 불교는 어떻게 홍보해 왔는가 ··· 119
   ① 1994년 이전에는 청탁과 무마가 주업무?
   ② 홍보 업무의 전문화가 이뤄지기 힘든 까닭
   ③ 부정적 보도에 민감하게 반응
   ④ 다른 불교 종단은 어떻게 하고 있는가
3. 불교는 언론에 어떻게 다뤄지는가 ··· 123
4. 불교 홍보 콘텐츠를 어떻게 개발할 것인가 ··· 125
5. 사찰 홍보는 어떻게 할 것인가 ··· 127
6. 이웃종교를 어떻게 배려할 것인가 ··· 133
7. 이웃종교에서는 어떻게 하고 있는가 ··· 134
   ① 개신교
   ② 천주교
   ③ 기타 종교

제7장 언론 홍보를 실제로 어떻게 하나

1. 홍보 기획은 어떻게 하나 ··· 141
   ① 구체적인 목표를 세워라
   ② 홍보 전담 조직이나 인력을 정하라
   ③ 담당기자 명단과 연락처를 확보하라

④ 홍보 계획은 현실적으로 잡아라
　　⑤ 홍보 목적에 맞는 전략과 전술을 짜라
　　⑥ 이벤트를 만드는 것도 좋은 방법이다
　　⑦ 뉴스메이커를 등장시켜라
　　⑧ 칼럼과 독자란을 활용하라
　　⑨ 인터넷 홈페이지는 언론을 염두에 두고 만들라
　　⑩ SNS 계정을 만들어라
2. 보도자료는 어떻게 작성하는가　　　　… 148
　　① 기사체로 만들자
　　② 동어 반복과 겹말을 피하자
　　③ 쉽고 간결하게 쓰자
　　④ 독자 입장에서 쓰자
　　⑤ 제목을 눈에 띄게 달자
　　⑥ 신조어나 유행어를 사용해보자
　　⑦ 거짓말이나 과장은 금물
　　⑧ 객관적으로 보이도록 만들자
　　⑨ 보충자료를 충분히 준비하자
　　⑩ 사진은 꼭 챙기자
　　⑪ 추가 취재나 문의를 위한 연락처를 남기자
　　⑫ 디자인에도 신경 쓰자
　　⑬ 부고나 인사 자료는 형식에 맞도록 만들자
3. 사례로 본 보도자료 작성법　　　　… 160
4. 보도자료를 어떻게 배포할 것인가　　　　… 181
　　① 타이밍이 중요하다
　　② 누구에게 배포할지 잘 파악하라

③ 동시에 배포하라

④ 이메일로 보내는 것이 좋다

⑤ 확인 전화를 잊지 말라

5. 기자회견이나 기자간담회는 어떻게 하나 ··· 187

① 시점을 잘 잡아라

② 장소를 잘 선택하라

③ 참석자를 거듭 확인하라

④ 보도자료를 준비하라

⑤ 리허설을 해보라

6. 사후 관리도 중요하다 ··· 192

① 기자에게 감사의 뜻을 표시하라

② 오보에는 신속히 대응하라

【 오보의 원인과 유형 】

【 오보에 대처하는 방법 】

【 언론중재위는 어떻게 이용하는가 】

【 언론 소송은 어떻게 하는가 】

③ 사후 평가를 실시하라

제8장 위기관리 홍보란 무엇인가

1. 위기관리 홍보는 왜 필요한가　　··· 201

2. 위기에 대처하는 5가지 기본 원칙　　··· 201

3. 위기에는 언론을 어떻게 대할 것인가　　··· 202

4. 위기 대응 매뉴얼을 만들라　　··· 203

제1장

언론 홍보란 무엇인가

1. 홍보란 무엇인가

'홍보'란 한자 뜻 그대로 '널리[弘] 알리는[報] 것'을 말한다.

널리 알리려면 어떻게 해야 할까. 사람들이 자주 지나는 곳에 방문을 써 붙일 수도 있고 많은 사람들이 모인 곳에서 큰소리로 외칠 수도 있다. 요즘 같으면 한꺼번에 이메일을 보낸다든가 인터넷에 글을 남길 수도 있겠고, 트위터나 페이스북 등 이른바 SNS 서비스를 이용할 수도 있겠다.

그러나 이런 방법에는 한계가 있다. 짧은 시간에 많은 사람들에게 알리려면 대중매체를 활용하는 것이 가장 손쉬운 방법이다. 깜짝 놀랄 만한 내용을 인터넷에 올리거나 아주 영향력이 큰 사람이 SNS에 글을 남긴다 해도 대중매체가 거들어 줘야 금세 퍼져 나간다. 물론 인터넷 포털이나 SNS도 대중매체이긴 하지만 말이다.

그러면 대중매체는 어떻게 이용할 수 있을까. 돈을 주고 지면이나 방송 시간을 사서 '광고(廣告)'를 할 수도 있지만 대중매체가 나서서 알려 주기도 한다. 현대 대중사회의 홍보는 바로 두 번째 방법을 가리킨다고 해도 과언이 아니다. 홍보는 곧 대중매체를 이용해 널리 알리는 일이다.

정부 부처나 공공기관 등 관공서에서는 홍보보다 '공보(公報)'라는 말을 많이 쓴다. 사전은 "국가 기관에서 국민에게 각종 활동 사항에 대하여 널리 알림"이라고 풀이해 놓았다. 널리 알린다는 목적에는 차이가 없으나 공적인 업무라는 사실에 무게를 둔 단어이다. 상대적으로 홍보는 상업적 냄새가 풍기는 것처럼 느껴지기도 한다.

요즘에는 'PR(Public Relation)'라는 말도 많이 쓴다. 영어 단어 자체는 '공중 관계'를 뜻하지만 공중과의 관계를 좋게 하기 위한 활동을 일컫는다. 그 핵심은 바로 홍보이다. 한국홍보학회도 1997년 PR과 홍보를 동일한 개념으로 규정했다.

우스갯소리로 '피[P]할 것은 피하고 알[R]릴 것은 알리는 게 PR'이라는 말도 한때 유행했다. 기업이나 단체의 홍보 담당자들이 자랑거리를 널리 알리는 것 못지않게 주요 업무로 생각한 것이 부정적 보도나 비판성 기사가 나오는 걸 막는 일이었으니 말장난식 뜻풀이치고는 통찰과 혜안이 엿보인다.

홍보 담당자들은 '피[P]나게 알[R]리는 게 PR'라고 풀이하기도 한다. 늘 분주하게 뛰어다니며 열심히 알려야 한다는 뜻이라고 한다.

【 홍보와 광고의 장단점 】

광고를 하면 한꺼번에 많은 사람들에게 알릴 수 있는 것은 사실이다. 그러나 꽤 많은 돈이 든다. 돈을 들인 만큼 효과가 있는 것은 분명하지만 독자나 시청자들은 광고주가 돈을 들여 알리려 한다는 사실을 잘 알고 있기 때문에 거품이 끼어 있다고 여긴다.

예전에는 광고를 흔히 선전(宣傳)이라고 불렀다. 제약회사의 광고는 '약 선전', 출판사 광고는 '책 선전' 하는 식으로 말이다. 선전이야말로 의도성을 지닌 것이기 때문에 진실성을 의심받기 십상이다.

보통의 광고도 기업이 제품을 많이 팔기 위한 의도를 담은 것이기에 사람들은 곧이곧대로 믿으려 하지 않는다. 방송에서는 CM(commercial message)이나 CF(Commercial Film)란 말도 많이 쓰며 상업적 목적이 뚜렷하게 드러난다.

광고에 견주어 볼 때 홍보는 그리 많은 돈이 들지 않는다. 널리 알리려는 내용이 기사로 보도되거나 드라마, 다큐멘터리에 녹아들어 전달되면 신뢰성이 훨씬 높아 효과가 크다. 신문과 방송의 신뢰도가 떨어졌다고 하지만 그래도 굴지의 신문과 방송에 기사가 나면, 더욱이 여러 매체가 일제히 보도하면 사람들이 믿지 않을 도리가 없다.

그러나 대중매체가 원하는 대로 움직여 주는 것은 아니다. 아무리 보도자료를 내도 기사 한 줄 실어주지 않는 것은 흔히 있는 일이다. 관점을 달리해 알리고 싶은 내용을 비틀어 보도하는가 하면, 심지어 가리고 싶은 치부를 까발려 큰 손해를 끼치기도 한다.

그래서 굴지의 대기업들이 광고보다 홍보가 효율적인 줄 알면서도 홍보는 홍보대로 하면서 수백억 원씩 돈을 들여 광고를 하는 것이다. 홍보도 광고 못지않게 그늘을 안고 있다. 홍보를 흔히 기자 접대와 동일시해 비윤리적 활동이라고 짐작하는 사람이 적지 않다. 우리 사회에 뿌리 깊게 박혀 있는 이른바 갑(甲)과 을(乙)의 불평등 관계와 연관 지어 자존심 상하는 일이라고 생각하기도 한다.

홍보 활동을 '언론 플레이'로 치부해 마치 실력 없는 사람이나 우수하지 못한 제품이 대중매체 덕을 보려는 것쯤으로 여기는 사례도 있다. 권위를 중시하는 분야에서나 겸양이 미덕인 분위기에서는 이런 경향이 짙다.

그러나 그것은 홍보의 본질이 아니다. 그런 측면이 있음을 부인할 수는 없지만 향응을 통한 홍보는 오래 갈 수 없고 과대포장은 금세 들통이 나는 법이다. 더욱이 요즘처럼 대중매체가 넘쳐나는 시대에서는 정정당당하지 못한 홍보로 '반짝 효과'를 거둘 수 있을지는 몰라도 많은 사람들에게 지속적으로 호평을 받기 어렵다.

2. 왜 홍보를 해야 하는가

애초에 널리 알릴 생각이 없다거나 공중과 좋은 관계를 맺고 싶지 않다면 굳이 홍보나 PR에 신경 쓸 까닭은 없다. 그러나 관공서든 기업이든 단체든 행정의 효과를 높이거나 이윤을 극대화하거나 설립 취지를 잘 살리려면 홍보에 둔감해선 안 된다.

맡은 바 일을 묵묵히 하면 된다거나 좋은 제품은 소비자가 알아주기 마련이라고 생각할 수도 있다. 그러나 홍보를 통해 관공서의 이미지가 좋아지거나 국민이 관련 내용을 잘 이해하면 행정 목표를 달성하기도 쉽고 업무 효율성도 높아진다.

소비자는 인지도가 높고 평판이 좋은 상품을 사려고 한다. 시장이나 백화점의 상인 역시 그런 제품을 잘 보이고 손이 쉽게 닿는 곳에 진열한다. 입 소문 이전에 소비자나 상인에게 제품의 정보를 주는 것은 결국 대중매체다.

기업이 이웃 돕기에 나서거나 공공 캠페인을 벌이는 등 사회공헌 활동에 나서는 것도 홍보의 일환이다. 기업의 이미지가 좋아야 제품도 많이 팔리고 인재도 몰리기 때문이다. 일시적으로 봤을 때에는 금전적 손실로 비칠지 몰라도 매출을 늘리고 주가를 높이는 데 큰 도움이 된다.

비영리 민간단체라 해도 기부나 후원 없이 활동하기 어렵다. 단체의 설립 취지나 활동 내용이 널리 알려져야 기부나 후원이 늘어난다. 정부나 공공기관의 지원 심사에서도 언론 보도 내용이 중요하게 작용한다. 안타까운 사연이든 훈훈한 미담이든 널리 알려져야 도움의 손길이 뻗쳐오고 메아리가 되어 새로운 미담을 낳는다.

불교계의 입장에서도 홍보가 절실하다. 예전에는 할머니 손에 이끌려 절을 찾다 보니 불교와 친숙해졌다거나 어머니가 불자여서 효도하는 마음으로 연등을 달고 재를 올리다가 불교에 관심을 갖게 됐다는 사람이 많았다. 그러나 이제 그런 비율은 줄고 있다. 학창 시절 불교 동아리 활동이나 군대 시절의 경험 등으로 불교를 접한 사람도 있지만 이웃 종교에 견주면 학교나 군대나 직장 등을 통한 조직적인 포교가 약한 것이 현실이다.

그 대신에 신문, 방송, 영화, 책 등에 소개되는 불교문화나 불교적 세계관에 호감을 느껴 불교계에 발을 들여놓았다는 사람이 적지 않

다. 그만큼 미디어의 역할이 중요한 것이다. 반대로 신문이나 방송 뉴스에 비친 부정적 이미지 때문에 불교에 등을 돌리는 사람도 있다. 사찰이나 포교당에서 출·재가자들이 포교와 전법에 나서는 것 이상으로 신문의 1단짜리 기사나 TV 프로그램 한 장면이 불자를 늘리기도 하고 줄이기도 한다.

3. 홍보는 어떻게 하는가

홍보는 마술이 아니다. 있는 사실을 없던 것으로 하거나 없던 일을 있는 것처럼 만들 수는 없다. 검은 것을 희다고 주입하려는 선전과도 다르다. 홍보는 어떤 조직이 공중에게 사실을 잘 이해하도록 전문적으로 제시하는 기술이다.

여기서 몇 가지 홍보의 원칙을 알 수 있다. 그 첫째는 사실을 있는 그대로 알려야 한다는 것이다. 있는 일을 숨기거나 사실을 부풀리면 일시적으로 효과를 볼 수 있을지 몰라도 금세 역효과가 난다. 하루 이틀 장사하고 마는 '떴다방'식 업체가 아니라면 독을 삼키는 것이나 다름없다.

사실을 사실대로 알리려 해도 대중은 쉽게 믿으려 하지 않는다. 선전과 광고와 홍보의 홍수 속에 정확한 사실을 가려내기가 어렵기 때문이다. 즉, 대중의 신뢰를 쌓아야 한다는 것이 둘째 원칙이다. 대중의 신뢰를 얻기 위해 먼저 조직과 대중의 가교 역할을 하는 언론의 신뢰를 얻어야 하는 것은 물론이다.

셋째는 미디어를 잘 알아야 한다는 것이다. 홍보는 기본적으로 대중매체를 상대로 하는 것이다. 대중매체를 통하지 않고도 대중에게 알리는 방법이 없는 것은 아니지만 효과가 크게 떨어질 수밖에 없다.

홍보는 누구나 할 수 있는 일로 여겨지던 시절이 있었다. 홍보거리가 있으면 적당히 보도자료를 써서 언론사에 보내고, 때때로 기자를 만나 밥과 술을 먹으며 친해지면 되는 식이라는 것이다. 그러나 앞에서 말했듯이 홍보는 전문적 기술이다. 홍보 전문 인력을 키워야 한다. 이것이 넷째 원칙이다.

영세한 기업이나 작은 단체에서는 홍보 전담 인력을 두거나 전문 인력을 양성하기 어려울 것이다. 그러나 대표가 됐든 다른 분야의 스태프가 됐든 누군가는 홍보를 담당해야 할 테고, 적어도 그 사람은 홍보에 관해 공부해야 한다. 작은 조직일수록 홍보를 중요하게 생각해야 한다. "우리처럼 구멍가게 같은 회사가 홍보는 무슨 홍보"라며 손사래를 치거나 "우리 같은 작은 단체에 기자들이 관심이나 있겠어?"라며 지레짐작하면 안 된다.

홍보에도 돈과 인력이 든다. 크고 이름난 조직에 언론이 더 많은 관심을 보이는 것도 사실이다. 그러나 다윗이 골리앗을 이길 수 있는 게 바로 홍보의 묘미다. 어차피 중소기업이 대기업과 광고 물량으로 경쟁할 수는 없는 일이다.

그러나 홍보에서는 중소기업이 대기업을 누르는 일이 비일비재하다. 무명의 신생단체가 단 한 번의 이벤트로 전국의 신문에 큼지막하게 기사가 날 수도 있다.

물론 홍보에도 대기업이나 큰 조직이 유리하다. 유능한 스태프를 거느리고 있고 언론한테서도 많은 관심을 받기 때문이다.

그러나 언론은 객관성과 균형성을 중시하고 갈등과 대립을 선호한다. 상대가 있는 사안에 관해서는 늘 반론을 곁들이려 하고 양쪽의 무게가 다른데도 불구하고 대립 국면으로 보도하려 한다. 기자들은 정의감을 품고 있다. 비록 실생활에서는 실천하기 어렵더라도 억강부약(抑强扶弱)의 정신을 놓지 않으려고 한다.

신생 기업이나 소규모 시민단체의 목소리가 비교적 비중 있게 기사화되는 것도 바로 이러한 언론의 속성과 기자의 생리 때문이다. 이를 잘 이해하고 활용하면 얼마든지 성공적으로 홍보할 수 있다.

제 2 장

뉴스란 무엇인가

1. 어떤 소식이 뉴스가 되는가

'뉴스(News)'는 'New Things', 즉 '새로운 것'을 의미한다. 일설에는 북(North), 동(East), 서(West), 남(South)의 첫 글자를 딴 것으로 사방에서 일어난 모든 일을 뜻한다는 설도 있으나 그리 믿을 만한 것은 못 된다.

영국 옥스퍼드사전은 뉴스를 '보도된 신선한 사건들(fresh events reported)'이라고 풀이해 놓았다. 미국 웹스터사전은 '보도된 정보의 어떤 것(something that information reported)'이라고 설명했다. 표준국어대사전의 풀이는 '일반에게 잘 알려지지 아니한 새로운 소식'이다.

이를 종합하면 뉴스의 생명은 새롭다는 것이다. 그러나 아무리 새롭더라도 보도되지 않으면 뉴스가 아니다.

신문이나 방송 보도는 독자와 시청자를 겨냥한 것이다. 그래서 독자들이 중요하게 여기고 관심을 갖는 것을 뉴스 가치의 기준으로 삼는다.

언론학자들은 뉴스의 가치(News Value) 기준을 다음과 같이 대략 7가지로 제시한다.

① **저명성**

이름 모를 사람이 사고로 숨져도 뉴스가 되지 않을 수 있지만 유명 가수가 음주운전만 해도 언론에 보도된다. 뉴스의 주인공이 누구냐에 따라 기사가 커지기도 하고 작아지기도 한다.

② 영향성

　교통법규 위반 사실을 사면해주는 것처럼 사소해 보이는 일이라도 국민 대다수에 영향을 미친다면 큰 뉴스가 된다. 벤츠 자동차 가격이 1천만 원 오른 것보다 라면 가격이 100원 오른 것이 훨씬 중요하다.

③ 시의성

　일본에서 큰 지진이 나 엄청난 피해를 안겨준 직후 우리나라에서도 지진이 났다면 진도가 작더라도 큰 기사가 된다. 전 국민이 월드컵 축구 열기에 휩싸여 있을 때라면 스님과 목사와 신부가 축구 경기를 벌인다는 소식이 더욱 관심을 끌 것이다.
　언론계에서는 기삿거리를 아이스크림에 비유하기도 한다. 제때 기사화되면 크게 보도되지만 들고 있다 보면 어느새 녹아 없어져 가치가 떨어진다는 뜻이다.

④ 근접성

　아프리카 어느 나라에서 수십만 명이 기근에 시달린다는 소식보다는 내 입 안의 치통이 훨씬 심각한 법이다. 광주에서 발행되는 신문에서는 이 지역 한 마을의 단수가 대구의 시내버스 파업보다 더 큰 뉴스가 될 수 있다.

⑤ 갈등성

　흔히 구경 중에 불구경과 싸움 구경이 제일 재미있다고 한다.

불난 집에 부채질하는 듯한 얄미운 소리지만 인간 본성의 일면을 간파한 의미를 함축하고 있다.

하나의 사안을 놓고 양측이 다투면 관심이 높아진다. 싸움의 규모가 클수록, 다툼의 정도가 격렬할수록, 대립의 긴장도가 높을수록 기사 가치는 커진다.

⑥ 신기성·의외성

개가 사람을 물면 뉴스가 되지 않지만 사람이 개를 물면 뉴스가 된다. 고령의 노인이 대학에 입학했다거나 어린이가 무슨 시험에 합격했다는 게 큰 뉴스가 되는 것도 마찬가지 이유에서다.

⑦ 인간적 흥미성

훈훈한 미담이든 안타까운 사연이든 관심을 끌 만한 이야깃거리를 담고 있느냐에 따라 기사화 여부가 결정되는 사례가 많다.

그래서 늘 기자들은 일상적인 사건을 접하더라도 그 이면을 취재하려고 한다. 쪽방촌에서 불이 나 한 명이 숨지고 수천만 원의 재산 피해가 생겼다고 가정할 때 만일 사망자가 소녀 가장이라면, 사법고시 2차 시험을 앞둔 고시 준비생이라면, 가족을 먹여 살리려고 스리랑카에서 건너온 이주노동자라면 기사의 방향과 크기가 달라진다.

고위직에 올랐거나 영예로운 상을 받은 사람 가운데에서도 해당자가 남다른 성공 비결을 지녔거나 눈물겨운 사연을 안고 있다면 직급이나 상의 서열과는 상관없이 대서특필될 수 있다.

중요하게 다뤄지는 기사는 대략 이러한 기준을 충족하는 뉴스다. 한 가지만으로도 톱뉴스가 될 수도 있고 몇 가지를 두루 갖춘 뉴스도 많다. 예를 들어 종교계가 폭력사태를 빚으면 언론사들이 평소 때보다 훨씬 더 자극적인 제목을 달아 보도한다. 싸움의 정도나 피해 규모가 그리 크지 않아도 성직자들이 주먹다짐을 벌이는 모습에서 갈등성과 의외성의 요소를 발견하기 때문이다.

위에 든 뉴스 가치의 기준 말고 중요한 것이 또 하나 있다. 이는 우리나라 언론에서 유독 중요하게 여기는 것이다. 그것은 다름 아닌 다른 매체에서 어떻게 다루느냐이다.

신문사 편집 간부들은 인터넷이나 방송 등을 꼼꼼히 체크한다. 다른 신문사들이 크게 다룬 기사를 빼먹거나 소홀히 다루지 않도록 늘 촉각을 곤두세우고 있는 것이다.

2. 언론은 무엇을 원하는가

언론은 뉴스를 원한다. 독자나 시청자가 관심을 가질 만한 기사를 보도해 판매부수를 올리고 시청률을 높이려는 것이다. 더 많은 독자와 시청자의 주목을 받으면 언론 자체의 영향력이 높아지고 더 많은 광고를 유치해 수익을 올릴 수 있다.

신문이든 방송이든 언론은 앞에 든 뉴스 가치 기준에 따라 기삿거리를 판단해 취재하고 보도한다. 그러나 뉴스에 맞닥뜨릴 때마다 7가지 기준을 따지고 무게를 잰 뒤 기사화 여부를 판단하고 보도의 경중을 정하는 것은 아니다. 대부분 경험과 관행에 따라, 또 훈련된 감각에 의존해 기삿거리를 판단하고 기사의 크기나 길이를 결정한다. 그렇기 때문에 뉴스 가치의 기준을 이해하더라도 언론의 관행과 기자의 속성을 잘 알지 않으면 효과적으로 홍보할 수 없다.

다음은 우리나라 언론이 기사화하기 좋아하는 몇 가지 패턴이다.

① 사안의 핵심이나 주제가 단순 명료해야 한다

기자들은 "야마가 뭐냐", "야마가 약해", "야마가 없네"라는 말을 흔히 쓴다.

'야마'란 산(山)을 뜻하는 일본어에서 나온 것으로 추정되나 정확한 유래를 아는 사람은 없다. 보통 기사의 핵심이나 주제를 뜻하지만 전문(前文)이란 뜻의 영어 리드(lead)와 동일시하기도 한다.

어쨌든 언론은 기사의 첫 문장이나 도입부에 핵심 주제를 담아 보도하는 관행을 익혀 왔기 때문에 사안이 복잡하거나 독자에게 한마디로 설명하기 어려운 내용은 잘 보도하지 않으려 한다.

다시 말해 언론에 잘 보도되려면 사안을 단순화하고 취지가 분명해지도록 전달하는 노력이 필요한 것이다.

② 언론은 '최(最)' 자를 좋아한다

어떤 분야에서 가장 오래된[最古] 문서가 발견됐다거나 가장 먼저[最初] 어떤 제품을 발명했다거나 가장 큰[最大] 불상을 봉안했다거나 하는 소식은 사안의 경중을 떠나 뉴스 가치가 충분하다. 이 속성을 잘 활용해 베스트셀러가 된 것이 기네스북이다.

그러나 이는 늘 시비의 소지가 있다. 가장 처음인 줄 알았는데 아니라는 사실이 뒤늦게 발견되기도 하는 등, 어떻게 기준을 세우느냐에 따라 최고가 달라질 수도 있기 때문이다.

이런 위험성을 알고 있으면서도 기자들은 '최'자의 유혹을 버리지 못한다. 최고나 최초가 아니라면 야마가 약해지고 기사 가치가 급락하기 때문이다. 때에 따라서는 '사실상 최다'라거나 '본격 최초'라는 궁색한 수식어를 붙여가면서까지 '최'자를 붙여 기사화하려고 한다.

③ 유행에 민감하다

이는 시의성과 관련이 깊다. 어떤 새로운 경향이 일정한 흐름을 형성한다든가 유행을 이루면 언론은 곧바로 기사화한다. 반대로 언론이 미미한 흐름을 묶어 어떤 사조로 명명하거나 일부 사례를 유행처럼 부풀리기도 한다.

예컨대, X세대니 P세대니 하는 신조어나 '~붐', '~신드롬', '~열풍' 등은 대부분 언론이 만들어낸 것이다.

언론들은 비슷한 사례 몇 가지만 발견되면 이를 하나의 경향으로 뭉뚱그려 기사화하기 좋아한다. '~무더기 적발', '~줄이어', '~봇물' 등의 제목을 흔히 볼 수 있는 것도 이 때문이다. 기사 가치가 작은 개별 사안도 여러 개를 일정한 범주로 묶어 새로운 경향이나 흐름으로 소개하면 가치가 훨씬 커진다.

이 같은 방식은 특정 제품이나 단체의 사례만 보도할 경우 자칫 홍보성 기사로 오해받을까봐 걱정하는 기자들에게도 요긴하게 쓰인다. 이 속성을 활용해 기업이나 홍보대행사들이 보도자료를 만들 때 경쟁업체나 제품의 사례를 묶어 유행이나 신경향처럼 소개하기도 한다.

④ **통계에 약하다**

세상에는 세 가지 거짓말이 있다고 한다. 하나는 좋은 거짓말, 다른 하나는 나쁜 거짓말, 마지막 하나는 통계이다.

통계가 지닌 허실을 풍자한 우스갯소리지만 이를 뒤집어 보면 그만큼 사람들이 통계의 과학성과 수치의 객관성을 믿고 있다는 뜻이기도 하다.

사실(fact)과 객관성을 생명처럼 여기는 언론들은 믿을 만한 기관의 통계 수치가 발표되면 즉각 기사화한다. 인구 통계나 투표율이나 시청률처럼 이미 드러난 사실을 집계한 것도 있고 경제 전망이나 산업 동향 등 미래 통계도 있다.

⑤ **숫자를 좋아한다**

독자들은 기사 첫 문장부터 여러 숫자가 나열돼 있으면 기사를 외면한다. 그러면서도 뭔가 수치로 표시돼 있어야 객관성이 확보된다고 믿는다.

날씨가 추워졌다고 해도 몇 년 만의 추위인지 설명해야 실감이 나고, 한국이 무역 강국이 됐다고 해도 몇 위 안에 들었는지를 명기해야 고개를 끄덕인다.

언론이 '베스트 10' 등의 랭킹 기사를 좋아하는 것도 이 때문이다. 도선사의 '108 산사 순례기도회', '5대 적멸보궁', '3대 관음기도 도량' 등이 사람들의 입에 자주 오르내리는 것도 숫자가 지닌 매력 덕분이다. '부산국제영화제 프로그래머가 추천한 영화 10선', '우리가 정말 알아야 할 우리 꽃 100가지' 등도 마찬가지다. 기사 제목에도 '자녀에게 절대 쓰면 안 되는 말'보다 '자녀에게 절대 쓰면 안 되는 7가지 말'이라고 달아 놓으면 훨씬 구체적으로 다가오고 궁금증이 더 든다.

그러나 숫자를 단순히 나열하는 것은 독자들이 싫어할 수 있다. 때문에 마이클 잭슨의 앨범이 많이 팔렸다면 이를 쌓았을 때 에베레스트 산의 몇 배 높이에 해당한다거나 팔려 나간 현대자동차를 한 줄로 이으면 지구에서 달을 몇 번 왕복한다는 따위의 비유를 곁들여야 한다.

또한, 언론은 숫자 가운데서도 특히 십진수를 좋아한다. 성철 스님 탄신 100주년, 올림픽 D-100일, 광복 60주년, 종합주가지수 2000 돌파 등에 맞춰 특집 기사가 쏟아지는 것을 보면 잘 알 수 있다.

⑥ 여론조사를 선호한다

통계가 지닌 매력과 숫자가 주는 호감을 결합한 기사가 바로 여론조사나 설문조사를 인용한 것이다. 사람들은 다른 사람들이 어떻게 생각하는지에 호기심을 품는다는 사실 때문이기도 하다.

대선 후보 가운데 누가 지지를 많이 받는지, 한국 사람이 가장 좋아하는 나라와 가장 싫어하는 나라는 어디인지, 결혼 적령기

여성들이 배우자의 조건으로 가장 중요시하는 것은 무엇인지 등은 좋은 기삿거리이다.

여론조사도 통계만큼이나 여론을 충실히 반영하는 데 한계가 있고 왜곡의 가능성도 적지 않지만 그래도 제대로 조사하려면 비용과 시간이 많이 들고 전문가들의 식견이 필요하다. 표본을 추출하고 설문 문항을 작성하고 조사 대상자의 의견을 받아 분석하는 것이 쉽지 않기 때문이다.

그래서 비교적 간단한 앙케트나 온라인 폴(on-line poll)을 통해 특정 집단이나 네티즌의 의견을 모아 정리한 자료를 보도하기도 한다.

'며느리가 시어머니에게 가장 자주 하는 거짓말', '크리스마스를 함께 보내고 싶은 여자 연예인', '성인식 때 남자친구에게 가장 받고 싶은 선물' 등은 엄격한 절차와 과학적인 방식을 거쳐 조사한 결과는 아니지만 독자들의 흥미를 불러일으키기 때문에 쉽게 기사화된다.

⑦ 기념일을 꼭 챙긴다

광복절이나 삼일절이 되면 독립운동과 관련된 사료가 발굴되곤 한다. 일부러 그때 맞춰 공개하기도 하고, 그때를 앞두고 열심히 찾다 드러나기도 한다. 이를 캘린더성 기사라고 일컫는다.

주요 기념일이 되면 그날과 관련된 사람의 인터뷰 기사를 싣는가 하면, 관련 특집기사를 꾸민다. 정부나 관련 기관도 기념일에 맞춰 이벤트를 벌이며 언론에 기사가 나도록 애쓴다. 빼빼로데이나 삼겹살데이처럼 관련 업체나 업계가 기념일을 만들기도 한다.

정부가 지정한 기념일이나 불교의 4대 명절 등 유명 기념일이 아니더라도 혹은 10진법으로 딱 떨어지는 해가 아니더라도, 유명인의 탄신일·기일이나 역사적인 사건 날짜에 맞춰 기사화하면 의미가 더욱 커진다.

⑧ 사람 이야기가 가장 재미있다

신문마다 인물(피플)면이 있다. 방송에서도 대담이나 토크 프로그램이 인기를 끈다. 사람들은 무엇보다 다른 사람에게 관심이 많기 때문이다.

얼핏 보면 단순한 사안이라 하더라도 사람에 초점을 맞추면 이야기가 풍부해진다. 어떤 제도를 도입할 때에도 제도의 내용보다 그 제도로 혜택을 보게 될 사람의 이야기로 풀어 쓰는 것, 신제품을 출시할 때 신제품을 만든 사람의 고생담을 엮어 쓰는 것 등이 훨씬 효과적이다.

사람이 아니더라도 무생물보다 생물을 주인공으로 삼는 경우도 있다. 지율 스님은 천성산 터널 공사를 반대하며 도롱뇽을 피해자로 내세웠다. 동물이나 식물을 의인화해 기사화하면 사람 못지않게 공감을 자아낼 수 있다.

⑨ 뉴스메이커를 쫓는다

같은 사안이라도 누가 등장하느냐에 따라 관심도가 달라진다. 기업들이 인기 연예인을 광고모델로 내세우고 출판사들이 신간

서적에 명사들의 추천 글을 싣는 것도 이 때문이다.

재계의 회의가 열리면 기자들은 이건희 삼성그룹 회장의 참석 여부에 촉각을 곤두세우고 그가 회의장에 들어서거나 나올 때 한마디라도 들으려고 기를 쓴다. 평범한 말이라도 그가 하면 빅뉴스가 되기 때문이다.

어떤 사건이 발생하거나 주요 기념일을 맞을 때 해당 분야 전문가의 의견을 듣는 것과는 별도로 유명 인사의 소감을 곁들이면 기사의 무게가 더해진다. 6·25가 다가오면 백선엽 장군에게 인터뷰 요청이 밀려들고, 해외 영화제에서 누가 큰 상을 받으면 원로 감독 임권택의 반응을 기사에 담으려고 한다.

⑩ 사진이 있어야 기사가 커진다

생생한 사진 한 장은 원고지 수십 장의 기사보다 훨씬 울림이 크다. 똑같은 비중의 기사라 하더라도 어울리는 사진이 곁들여지면 톱기사로 올라가고 관련 사진이 없으면 단신으로 줄어든다.

인물 사진이나 현장 사진이 비교적 적은 경제면에서는 기업체에서 제공한 연출 사진을 쓰는 경우가 많다. 신제품 출시나 매장 개설 등을 알리는 보도자료에는 젊고 예쁜 모델을 동원한 사진을 곁들인다.

방송에서 영상의 중요성은 두말할 나위 없다. 빼놓지 말아야 할 빅뉴스라면 자료화면을 곁들여서라도 보도하지만 대개 관련 영상이 없으면 아예 뉴스로 다루지도 않는다. 보도의 순서나 비중을 결정하는 데도 영상이 중요하게 작용한다.

광고업계에 3B라는 용어가 있다. 미인(Beauty), 아기(Baby), 동물(Beast)을 모델로 내세우면 소비자의 주목을 끌기 쉽다는 것이다.

보도 사진에서도 3B 전략은 유효하다. 독자의 주목도를 훨씬 높일 수 있는 것이다. 부처님오신날을 앞두고 벌이는 동자승 출가 행사에 사진기자들이 많은 관심을 보이는 것도 사진 보도의 속성과 관계가 깊다.

제3장

언론이란 무엇인가

1. 언론은 어떻게 생겨났는가

언론의 역사는 인류가 모여 살기 시작하면서 시작됐다고 해도 과언이 아니다. 누군가는 새로운 소식을 알리고 여론을 형성하는 기능을 맡았을 테니까 말이다.

공식적 형태로 처음 등장한 언론매체로는 고대 로마의 '악타 디우르나(Acta Diurna)'를 꼽는다. 또한, 당시 원로원의 의사록이었던 '악타 세나투스(Acta Senatus)', 집정관의 포고령, 검투경기 등 주요 소식과 공직 인사 등을 새긴 석고판 등을 사람들이 많이 지나는 곳에 배포했다고 한다.

중국에서는 당나라 때 조정의 소식을 담은 '저보(邸報)'를 발간했고 근세조선에서도 '조보(朝報)'를 발간했다고 한다. 관보(官報) 성격이긴 하지만 신문의 시초라고 할 수 있다.

근대적 의미의 언론은 도시의 형성과 인쇄술의 발달에서 비롯됐다. 처음에는 책이나 부정기간행물의 형태로 출발했다. 그러다가 18세기에 들어 윤전기, 전화, 무선통신, 사진, 텔렉스 등이 잇따라 발명되고 보급되면서 본격적인 대중매체(mass-media)의 시대를 맞았다.

기존의 활판 인쇄술로는 하루에 찍어낼 수 있는 물량이 제한돼 있었으나 윤전기가 나오면서 불과 한두 시간 만에 몇 만부씩 인쇄가 가능하게 됐고, 무선통신과 전화 덕분에 먼 곳에서 일어난 일도 곧바로 알 수 있게 됐기 때문이다.

신문으로 출발한 대중매체의 역사는 20세기 들어 라디오와 TV가 차례로 등장하면서 새롭게 변모했다. 21세기를 전후해서는 인터넷과

스마트폰의 탄생으로 언론의 근본 성격까지 뿌리째 흔들리는 변혁을 맞고 있다.

최근 들어 언론의 개념이 많이 바뀌고 있으나 그래도 아직까지는 일정 이상의 규모를 갖춘 조직이 훈련된 인력을 두고 보도 등의 기능을 수행하는 것을 언론이라고 말하는 것이 보통이다.

2. 인쇄매체란 무엇인가

① 신문이란 무엇인가

신문은 예전에 비해 구독률과 열독률이 떨어지고 영향력도 줄어들긴 했으나 뛰어난 의제 설정 기능과 깊이 있는 분석 등으로 여론 형성에 크게 기여하고 있다.

【 신문의 종류 】

신문은 판형에 따라 타블로이드판(254×374㎜), 타블로이드배판(대판·375×595㎜), 신판(일명 USA투데이판·343×588㎜), 베를리너판(315×417㎜), 콤팩트판(285×400㎜) 등으로 나뉜다.

우리나라에서는 유료신문은 타블로이드배판, 무료신문은 타블로이드판으로 대별된다. 국민일보와 파이낸셜뉴스는 USA투데이판, 중앙일보는 베를리너판을 채택하고 있다. 유럽에서는 베를리너판으로 옮겨가고 있고 콤팩트판 신문도 속속 등장하는 추세이나 우리나라에서는 아직 타블로이드배판이 대세를 이루고 있다.

발행 주기에 따라서는 일간지, 주간지, 순간지, 격주간지 등으로 나뉜다. 신문이라고 하면 일간지를 일컫는 것이 보통이며 시군구 단위의 지역신문이나 전문지는 주간지로도 많이 발행된다.

일간지도 분야에 따라 일반일간신문과 전문일간신문으로 나뉜다. 우리가 흔히 일간지라고 일컫는 신문은 일반일간신문이다. 전문일간신문은 경제지와 스포츠지가 대표적이다. 발행지역이나 배포 대상에 따라 중앙지(전국지)와 지방지(지역신문)로 나뉜다.

국내에는 한국ABC협회에 가입된 일간지만 해도 2011년 기준으로 119개에 이른다. 문화체육관광부에 등록된 신문사는 이보다 훨씬 많다.

전국을 대상으로 서울에서 발행되는 중앙종합일간지는 조선일보, 중앙일보, 동아일보, 국민일보, 한겨레신문, 한국일보, 경향신문, 문화일보, 서울신문, 세계일보 등 10종이다. 정치·경제를 중심으로 발행하는 내일신문을 여기에 포함시키기도 한다.

경제일간지는 매일경제, 한국경제, 서울경제, 헤럴드경제, 파이낸셜뉴스, 머니투데이 등이다. 스포츠지는 일간스포츠, 스포츠서울, 스포츠조선, 스포츠동아, 스포츠한국, 스포츠경향, 스포츠월드 등이다. 농민신문과 전자신문 등 일부 전문지도 꽤 많은 발행부수를 자랑한다.

지방에서는 1980년 언론통폐합 때 1도1사(一道一社) 기준으로 살아남은 신문들이 해당 지역에서 메이저의 지위를 차지하고 있다. 부산일보, 매일신문(대구), 경인일보, 경남신문, 광주일보, 전북일보, 대전일보, 충북일보, 강원일보, 제주일보 등 10개사는 한국지방신문협회(한신협)라는 이름의 조직을 결성해 활동하고 있다. 국제신문, 영남일보, 경남일보, 강원도민일보, 전남일보, 광남일보, 무등일보, 전북도민일보, 중도일보, 충청투데이, 기호일보, 한라일보 등 후발 신생 지방지 21개사는 전국지방신문협의회(전신협)에 소속돼 있다.

【 신문사의 조직 】

　신문사의 조직은 중앙종합일간지를 기준으로 할 때 편집국, 논설위원실, 경영기획실(기획조정실), 총무국(관리국), 광고국, 판매국, 제작국(공무국), 사업국, 출판국 등으로 이뤄진다. 경우에 따라 심의실과 독자서비스를 담당하는 부서를 따로 두기도 한다.

　신문사의 중추 조직은 편집국이다. 정치부, 경제부, 사회부, 전국부, 문화부, 체육부, 국제부(외신부), 사진부, 편집부, 교열부, 조사부 등을 두고 있다. 신문사에 따라 북한부(통일부), 산업부, 생활과학부, 오피니언부(여론독자부) 등을 더 두기도 한다.

　국제부(해외 특파원 제외), 편집부, 교열부, 조사부는 내근직이고 나머지 부서는 외근직이다. 편집부는 흔히 '최초의 독자이자 최후의 기자'라고 불린다. 기사의 경중을 따져 지면의 구성과 배치를 결정하고 제목을 뽑는 중요한 업무를 맡는다. 90년대 후반부터 수작업의 활판 조판(組版)에서 컴퓨터에 의한 전산 조판으로 바뀌고 인력이 줄어들면서 간지(문화면·생활면 등)의 경우 취재부서 기자들이 직접 편집하기도 한다.

　교열부와 조사부는 많이 줄어들거나 없어지는 추세다. 교열부는 본문의 문장 구성과 오·탈자 등을 체크해 바로잡는 부서다. 조사부는 기사 관련 자료의 수집과 정리 등을 맡는다. 컴퓨터의 도입에 따라 자료 검색이 손쉬워지면서 없앤 곳이 많다.

각 부서는 부장, 차장, (평)기자 등으로 이뤄진다. 대리와 과장은 없고 평기자에서 차장대우, 차장, 부장대우, 부장, 부국장대우, 부국장, 국장대우, 국장, 이사대우, 이사 차례로 높아진다. 직급과 직위는 일치하지 않는 경우도 있다.

부장급이 각 부서의 책임자(부장)를 맡는 것이 보통이나 부국장대우나 차장이 맡을 때도 있다. 각 실국의 책임자(실장·국장)도 마찬가지다. 부장을 지낸 부장급 이상이 부원으로 일할 경우에는 선임기자란 직함을 붙이기도 한다.

편집국장은 야전사령관 격으로 기자의 꽃으로 불린다. 편집국장 위의 직위도 존재하지만 가장 영예로운 자리이고 영향력도 제일 크다. 편집국장 아래 분야별로 몇 개씩 부서를 묶어 부국장(에디터)을 두기도 한다.

논설주간이나 주필은 사설을 책임지며 신문 전체의 논조를 결정하는 자리다. 편집인이 이를 겸하기도 한다. 발행인은 신문사를 법적으로 대표한다. 신문법상 일간신문사는 윤전시설을 갖춰야 하므로(임대도 가능) 인쇄인을 두어야 한다.

【 신문 지면의 이해 】

통상 1면에서부터 3면까지는 종합면이다. 정치 기사가 차지할 때도 많지만 그날의 가장 비중이 큰 뉴스가 들어간다. 그 다음은 정치면, 사회면, 국제면, 경제면, 체육면, 문화면, 기획특집면, 생활면, 인물면, 오피니언면 등의 순서로 배치된다. 경제면을 별지(섹션) 형태로 내는 곳도 있다.

1면 맨 위에는 신문 제호와 함께 발행일, 발행호수, 판수 등이 표시된다. 신문은 시간의 흐름에 따라 새로운 기사를 추가하고 내용을 보완해 4~5차례 인쇄한다. 판수란 몇 번째 찍은 판인지를 가리키는 숫자다.

5판, 10판, 20판, 30판, 40판, 45판 등의 순서로 나가는데 오후 5시, 오후 10시에 강판(降版·조판을 완성한 뒤 지형이나 필름 제작을 위해 내려 보낸다는 뜻)한다고 해서 그런 숫자가 붙었다고 한다. 실제 찍는 판수를 부풀리려는 것처럼 보인다는 이유로 1판, 2판, 3판 순서로 붙이는 신문사도 있다.

2면, 혹은 맨 마지막 바로 전 지면에는 판권 관련 내용이 실려 있다. 세로 편집 시절에는 제호 바로 아래 위치했다. 발행인·편집인·인쇄인·주필(논설주간)·편집국장 이름, 창간일, 신문윤리강령 준수 약속, 구독료, 구독 및 광고 문의 전화번호, 기사 제보 및 불만 처리 전화번호, 주소 등을 적어놓았다.

【 신문사의 하루 】

석간신문 기자들은 오전 6시, 조간은 오전 9시를 전후해 출근한다. 조간의 경우 내근기자와 간부들은 회사로 나오고 외근기자들은 출입처에 곧바로 출근한다. 외근부서 기자들은 당번을 정해 두세 명씩 돌아가며 내근을 한다.

그날 조간 상황, 주요 일정 및 취재 계획 등을 부장에게 보고하면 부장이 편집국장에게 보고한다. 오전 10시께 편집국장이 주재하는 아침 회의가 열린다. 여기에서 그날 지면 계획의 윤곽이 나온다. 기자들은 오전 상황을 체크해 기사 메모(발제)를 보낸 뒤 부장의 지시를 받는다.

오후 2시 회의에서는 석간과 취재 진행 상황 등을 체크한 뒤 추가 취재 지시를 내린다. 기사 마감 시각은 오후 4시 30분 전후다. 문화면, 기획면 등의 마감이 스트레이트 지면보다 빠르다.

조판이 끝나면 각 부장과 편집국장의 확인을 거쳐 오후 5시 30분께 강판에 들어간다. 7시가 가까워지면 초판 신문이 나온다. 그리고 30분 정도 더 있으면 타사의 초판이 배달돼 온다. 지금은 가판(街販)을 위해 초판을 발행하는 곳이 줄었다.

지방판의 경우 철도나 트럭에 실어 배달하는 시간을 감안해 일찍 인쇄해야 했으나 현지에서 인쇄하는 사례가 늘어 시내판과의 시간 간격이 단축됐다. 그러나 가판을 발행하지는 않아도 미리 인쇄한 신문을 PDF 형태로 웹사이트에 올려놓기도 하며 이를 서비스하는 업체도 생겨났다.

자사와 타사의 초판을 점검하는 저녁 회의는 7시 30분께 열린다. 여기서 초판 발행 후 새로 일어난 사건의 기사 등을 채워 넣고 부실한 기사를 보완하라는 작업 지시가 내려진다. 서울 시내에 배달되는 최종판까지 4~5차례의 판갈이(개판·改版)가 이뤄진다. 밤 10시나 11시께 심야 회의를 개최하는 곳도 있다.

저녁 회의가 끝나면 최종판까지 상황을 지휘할 야간국장을 위시해 편집부, 교열부, 사진부, 정치부, 사회부, 국제부 등의 야근자들만이 남는다. 이들은 새벽 1~2시 최종판이 발행되는 것을 지켜본 뒤 퇴근한다.

최종판 윤전기가 돌아가는 상황에서 꼭 보도해야 하는 뉴스가 생기면 긴급히 윤전기를 멈추고 판갈이를 한 번 더 하기도 한다. 돌발적으로 사건이 끼어들어 만든다고 해서 이를 돌판(突版)이라고 부른다. 돌판 신문은 서울에서도 중심 지역에만 배달된다.

② 뉴스통신이란 무엇인가

뉴스통신(news agency)은 한마디로 뉴스의 도매상이다. 신문사의 발달과 함께 성장해왔으며 흔히 일간신문과 같은 범주로 구분하고 있으나 방송사에도 뉴스를 서비스하고 있다. 지금은 영상뉴스도 함께 생산한다.

신문사들이 외국이나 지방 등에 일일이 특파원을 둘 수 없기 때문에 공동 출자해 뉴스통신사를 만든 것에서 유래했다. 미국의 AP, 영국의 로이터, 프랑스의 AFP를 흔히 3대 뉴스통신사로 부른다. 예전에는 미국의 UPI를 합쳐 4대 통신으로 불렸으나 UPI가 몰락했고, 중국의 신화통신(新華通訊)이 그 자리를 대신하려 하고 있다.

미국 AP와 일본 교도통신(共同通信)과 같은 조합형(혹은 회원제), 러시아 이타르타스나 중국 신화통신과 같은 국영(관영), 영국 로이터와 같은 민간형(상업형), AFP와 같은 절충형 등으로 나눌 수 있다.

우리나라에서는 광복 후 통신사가 한동안 난립하다가 1970년대 말 쌍용그룹의 동양통신과 두산그룹의 합동통신 양대 체제로 굳어졌다. 1980년 언론통폐합으로 동양통신과 합동통신, 나머지 군소 통신을 합쳐 연합통신을 출범시켰다. 5공 당시 지방지는 서울에, 중앙지는 지방에 주재기자를 두지 못하도록 해 연합통신은 한동안 독점적 지위를 누렸다. 당시 방송사와 신문사가 모두 출자한 형태였으나 절대 지분을 KBS와 MBC에 몰아줘 정부가 인사권을 장악했다.

연합통신은 1998년 연합뉴스로 사명을 바꿨다. 2003년 뉴스통신진흥법이 제정된 뒤 2005년 공익법인 뉴스통신진흥회가 구성됐고 유상증자를 통해 최대주주가 됐다. 나머지 주식은 KBS, MBC, 중앙지, 지방지가 분점하고 있다.

외국 뉴스통신사 뉴스를 중개하고 지역 뉴스를 독점해온 전통에 따라 국제 분야와 지방 분야가 비교적 강하다. 해외 특파원 숫자도 신문사나 방송사에 견주어 압도적이다. 공익적 차원에서 영어 말고도 중국어, 일본어, 프랑스어, 아랍어, 스페인어 등 6개 국어로 뉴스를 내보내고 있으며 북한 뉴스, 재외동포 및 다문화 뉴스 등도 주요하게 취급하고 있다.

지금은 일반 독자도 인터넷이나 모바일로 연합뉴스 기사를 볼 수 있기 때문에 뉴스 도매상으로서의 역할은 다소 변질됐다. 연합뉴스의 수입구조도 기존의 신문·방송사로부터 받는 전재료 위주에서 정부 구독료, 인터넷 포털사 콘텐츠 제공료, KTX 이동방송 운영 수입 등으로 다변화됐다.

민영통신사로는 뉴시스, 뉴스1, 아시아뉴스통신, 서울뉴스통신, 동양뉴스통신 등이 있다. 이 가운데 뉴시스와 뉴스1이 비교적 사세가 큰 편이나 이들도 아직은 연합뉴스와 규모나 영향력 면에서 차이가 있다.

③ 잡지란 무엇인가

　잡지란 책 형태로 발행되는 정기간행물을 일컫는다. 판형은 국판, 4×6판, 신국판, 국배판, 4×6배판 등으로 다양하며 발행 주기에 따라 주간, 격주간, 월간, 격월간, 계간 등으로 나뉜다. 분량도 수십 쪽에서 수백 쪽까지, 기자 수효도 몇 명에서 몇십 명까지 들쭉날쭉하다.

　대중지와 전문지로 나눌 수 있으며 우리나라에서는 시사주간지, 시사월간지, 여성월간지, 연예주간지, 경제주간지, 경제월간지, 문예지, 패션·인테리어지, 아동지 등이 일정 규모의 시장을 형성하고 있다.

　신문이나 방송에 비해 영향력이 떨어지기는 하지만 중장기 취재를 통한 심층 추적 보도 등에 강점을 보이므로 권력형 비리의 내막, 정·재계나 연예계의 뒷얘기, 은둔형 뉴스메이커 심층 인터뷰 등을 특종 보도하는 사례가 적지 않다. 기자들도 고정 출입처는 없으나 해당 분야에 대한 전문지식과 인적 네트워크가 뛰어난 경우가 많다.

　잡지에서는 취재 보도의 실무 책임을 맡는 자리를 편집장이라고 부른다. 신문사 출판국 산하인지, 독립형 잡지사인지 회사 형태에 따라 직함은 월간부장, 주간부장, 편집국장 등으로 다르다.

　잡지는 기자들이 직접 쓴 글보다 외부 필자들의 글이 많은 경우가 적지 않다. 고정 연재하는 여행 작가나 자주 기고하는 유명

필자들에게도 보도자료를 제공하면 큰 도움이 된다.

3. 방송이란 무엇인가

① 지상파방송이란 무엇인가

　방송(放送·broadcasting)은 한자나 영어의 뜻 그대로 널리 듣고 볼 수 있도록 음성이나 영상을 보내는 일을 뜻한다. 유한한 국민의 재산인 전파를 이용하는 데다 대중에 미치는 영향력이 크기 때문에 허가 과정도 까다롭고 공적 의무를 진다.

　일반적인 방송은 지구 상공의 전파를 이용하기 때문에 공중파방송이라고 불렀다가 위성방송이 출현한 뒤에는 지상파방송이라고 바꿔 부르고 있다. 보편적 서비스이기 때문에 무료로 제공된다. 공영방송 수신료는 TV 시청의 대가라기보다는 수상기 보유 분담금 개념이다.

　우리나라에서는 KBS 2개 채널, MBC, SBS, EBS 1개씩 모두 5개의 지상파TV 채널이 방송되고 있다. KBS는 18개의 지역(총)국을 운영하고 있다. MBC는 18개의 지방계열사를 두고 있다. OBS 경인TV를 제외한 9개의 지역민방은 SBS와 네트워크 제휴 관계를 맺고 70% 안팎의 SBS 프로그램을 방송하고 있다.

　이들 방송은 OBS를 제외하고 모두 지상파라디오 방송을 함께 운영하고 있다. KBS는 3개의 AM(표준FM으로도 방송) 채널, 2개의 FM 채널, 한민족방송(사회교육방송), KBS월드(국제방송)등의

7개의 라디오채널을 두고 있다. MBC와 SBS는 AM과 FM 두 개씩을 운영한다.

CBS(기독교방송), BBS(불교방송), PBC(평화방송), FEBC(극동방송), WBS(원음방송)는 종교재단이 운영하는 라디오 방송이다. AM과 FM 두 개 채널을 운영하는 CBS를 제외하면 모두 1개 채널이다. 이밖에도 TBS(교통방송), TBN(한국교통방송), iFM(경인방송), 경기방송(KFM) 등이 있다.

【 방송사의 조직 】

방송사 조직은 KBS를 예로 들면 시청자본부, 보도본부, 콘텐츠본부(제작본부), 뉴미디어·테크놀로지본부, 정책기획본부, 편성센터, 라디오센터, 제작리소스센터(기술센터), 글로벌전략센터, 인적자원실, 심의실, 홍보실로 구성된다.

보도본부는 해설위원실(논설위원실), 보도국, 시사제작국(보도제작국), 스포츠국, 보도영상국으로 나뉜다. 보도국은 신문사 편집국과 유사하게 정치외교부, 경제부, 사회1부, 사회2부, 문화과학부, 네트워크부, 국제부를 두고 있다.

뉴스제작부는 신문사 편집부와 비슷한 조직으로 뉴스 프로그램에 맞도록 뉴스를 배치하고 분량을 조절하는 일 등을 한다. 신문사의 편집부 기자가 대개 인사 이동 없이 오로지 그 일만 전담하는 것과 달리 방송사 제작부 기자는 취재부서 기자들이 돌아가며 일정 기간씩 맡는다.

시사제작국은 '취재파일 4321', '시사기획 KBS 10', '추적 60분'

등 기획취재나 탐사보도 프로그램을 전담한다. 보도영상국은 카메라 기자를 관장한다.

콘텐츠본부는 교양국, 다큐멘터리국, 예능국, 드라마국, 외주제작국으로 이뤄져 있다. 외주제작국은 해외 방송사의 수입 프로그램, 독립 프로덕션이 제작한 프로그램, 영화, 애니메이션의 수급 등을 담당한다.

드라마국·교양국·예능국에서는 몇 개의 프로그램씩을 묶어 보도국의 데스크 역할을 하는 CP(chief producer·책임프로듀서)가 관장하도록 한다. KBS에서는 EP(executive producer·총괄프로듀서)라고 부른다. 한 명의 PD가 한 프로그램을 맡는 경우도 있고 여러 명의 PD가 배치되는 프로그램도 있다. 주간(부국장급), 부주간(부장급)이 데스크 역할을 맡는 경우도 있다.

【 방송사의 하루 】

방송사 기자의 하루는 신문사 기자와는 다소 다르다. 출근은 비슷하게 회사나 출입처로 하지만 사안에 따라 언제든지 리포트를 해야 하기 때문이다. 현장에서 리포트를 하기 위해 카메라 기자와 함께 현장을 자주 찾는다. 전문가의 조언이나 관계자의 해명을 들을 때도 신문 기자들은 전화로 물어봐도 되지만 방송사 기자들은 카메라 기자와 함께 직접 만나야 한다.

또 취재를 마친 뒤에도 편집을 하기 위해 귀사하는 경우가 대부분이다. 자신의 뉴스가 저녁종합뉴스(오후 8시나 9시)에 나가는 것을 확인한 뒤 야근자를 제외하고 퇴사한다. 신문사 기자와 방송사 기자는 동선이 달라 같은 출입처에 나간다 해도 함께 지내는 시간이 비교적 적은 편이다.

방송사는 여러 차례 뉴스를 방송한다. 라디오는 시보와 함께 정시 뉴스를 방송한다. 그러나 저녁종합뉴스를 제외한 뉴스는 기자들이 작성한 기사를 앵커(캐스터)가 읽는 경우가 대부분이다. 기자들은 현장에서 직접 리포트한 뉴스가 방송되는 저녁종합뉴스에 집중한다.

50분가량 방송되는 저녁종합뉴스에는 23꼭지 안팎의 뉴스를 소화한다. 중요도에 따라 뉴스를 배치하고 맨 마지막에 스포츠뉴스와 날씨 예보를 방송한다. 여기에서 밀려난 뉴스는 심야 뉴스나 이튿날 아침 뉴스에 들어가기도 한다.

② 유료방송이란 무엇인가

케이블TV, 위성방송, IPTV(internet protocol television) 등을 보려면 돈을 내야 한다. 장르별 전문채널이 다양하며 채널 패키지에 따라 가격도 보급형, 기본형, 고급형 등 여러 가지다.

케이블TV와 위성방송은 애초에 난시청 해소 차원에서 개발됐다. 미국이나 인도처럼 국토가 넓거나 인도네시아처럼 섬이 많은 나라에서는 위성방송이 먼저 발달했다.

【 케이블TV란 무엇인가 】

우리나라에서는 종합유선방송이라는 이름으로 1995년 3월 1일 20개 케이블TV 채널이 방송을 시작했다. 난시청 지역에서 공동 안테나를 세운 뒤 각 가정에 선을 연결해 방송을 수신한다는 뜻으로 초기에는 케이블TV를 CATV(community antenna television)라고 불렀다.

지방자치단체를 기준으로 전국의 방송권역(현재 77개)을 나눈 뒤 종합유선방송사업자를 허가했는데 이들 케이블TV 방송국을 SO(system operator)라고 부른다. 종합유선방송 출범 전부터 동축케이블로 지상파방송 재송신이나 음악방송 등을 해주던 유선방송은 중계유선방송(RO · relay operator)이라고 부른다.

현재는 특정 SO가 전국 권역의 3분의 1(25개), 전체 가입자의 3분의 1을 초과할 수 없다. 티브로드, CJ헬로비전, C&M, CMB, 현대HCN 등 여러 SO를 소유한 업체를 MSO(multiple SO)라고 부른다.

SO에 방송 프로그램을 공급하는 사업자는 방송채널사용사업자(PP · program provider)라고 부른다. 방송통신위원회에 등록된 PP는 300개가 넘지만 2011년을 기준으로 매출을 올린 PP는 192개이다.

SO는 허가를 받아야 하는 데 비해 PP는 요건만 갖춰 등록하면 된다. 그러나 보도, 종합편성, 홈쇼핑 채널은 승인을 받아야 한다. 종합편성은 KBS나 MBC처럼 보도, 교양, 드라마, 예능 등 여러 분야의 프로그램을 골고루 편성하는 채널을 말한다. 나머지 전문 분야 채널들은 80% 이상을 해당 분야 프로그램으로 채워야 한다.

여러 개의 PP를 소유한 사업자는 MPP(multiple PP)라고 부른다. 특별히 SO와 PP를 겸하는 사업자는 MSP라고 일컫는다.

매출액만 놓고 보면 6개 홈쇼핑 사업자들이 압도적이다. SO들의 수입 가운데 상당액도 이들 채널 번호를 지상파 사이에 배정해 가입자에게 송출해주는 대가로 받는 것이다.

일반 PP 가운데서는 CJ E&M 계열의 채널들이 독보적이다. CJ는 tvN, Mnet, OCN, CH CGV, 캐치온, 투니버스, 스토리온, 올리브, 온

스타일, 바둑TV, XTM, 내셔널 지오그래픽, 온게임넷, 중화TV 등 무려 16개의 인기 채널을 보유하고 있다.

시청률이나 매출액으로 따지면 지상파 계열 PP들도 만만치 않다. 스포츠 중계와 드라마 재방송 등을 통해 짭짤한 수익을 얻고 있다.

2011년 방통위의 승인을 거쳐 그해 12월 1일 개국한 종합편성채널은 JTBC(중앙일보), TV조선(조선일보), MBN(매일경제), 채널A(동아일보) 4곳이다. 보도채널은 기존의 YTN에 연합뉴스TV(뉴스Y)가 가세했다. MBN은 경제보도채널로 출발했다가 종합편성채널로 탈바꿈했다. 연합통신(연합뉴스)은 YTN을 자회사로 설립했다가 97년 보유 주식을 한전KDN에 매각한 뒤 14년 만에 보도채널을 다시 설립했다.

한국경제TV, 서울경제TV, SBS CNBC, MTN(머니투데이방송), 이데일리TV, 토마토TV 등은 보도채널로 승인받은 PP가 아니어서 엄격히 말해 경제 정보만 다룰 수 있고 보도 프로그램을 방송하면 안 된다.

그러나 정보와 뉴스를 엄밀히 구분할 수 없고 정치, 사회, 국제 뉴스 등도 주가에 영향을 미치는 증권(경제) 정보에 해당하므로 규제하기가 까다롭다. 방통위는 이들 채널을 유사보도채널이라고 부른다.

이밖에 공공, 종교, 교양, 영화, 다큐멘터리, 교육, 스포츠, 게임, 음악, 건강, 취미 등의 전문PP가 존재한다. 방통위는 공익성 보호를 위해 사회복지, 과학·문화 진흥, 교육 지원 3개 분야에 3개씩 공익채널을 지정하고 SO로 하여금 분야마다 1개 이상의 공익채널을 편성하도록 하고 있다.

【 위성방송 · DMB · IPTV란 무엇인가 】

KT(한국통신)를 지배주주로 하는 컨소시엄은 2000년 말 위성방송 사업 허가를 얻은 뒤 2002년 3월 1일 스카이라이프라는 이름으로 위성방송을 개국했다. 기존의 케이블TV PP 대부분과 신규 PP를 패키지 편성해 방송통신위성 무궁화호에 탑재된 중계기로 송신한다.

아날로그로 출발해 현재 디지털 전환 과정에 있는 케이블TV와 달리 위성방송은 처음부터 디지털로 출발해 광역성, 쌍방향성, 고화질 등이 특징이다. 남북한 방송이 개방되면 곳곳에 지상파 송신탑을 세우기도 어렵고 집집마다 케이블을 까는 것도 시간이 걸리기 때문에 위성방송이 중요한 역할을 할 것으로 기대된다.

DMB는 'Digital Multimedia Broadcasting'의 약자로 공식 명칭은 이동멀티미디어방송이다. 휴대전화 단말기를 통해 이동하면서 수신할 수 있는 게 특징이다. 위성을 통해 유료로 방송하는 것은 위성DMB라고 부른다. SK텔레콤이 설립한 자회사 TU미디어콥이 2004년 세계 최초로 위성DMB용 위성 한별을 발사한 뒤 2005년 5월 본방송을 시작했다.

그러나 이해 당사자 간의 조정이 잘 이뤄지지 않아 관련법 제정이 늦어지고 콘텐츠 확보에 실패해 초기에 파행을 겪었다. 게다가 무료인 지상파DMB가 2005년 11월 등장하고 스마트폰 서비스 보급에 따라 모바일 방송 서비스가 늘어나면서 치명타를 맞았다. 결국 누적 적자를 견디지 못해 2010년 추가 투자나 신규 가입자 모입을 중단한 데 이어 2012년 8월 서비스 종료를 선언했다.

지상파DMB는 무료 보편적 서비스인 지상파TV를 이동 중에도 수신할 수 있게 하자는 취지로 도입됐다. KBS · MBC · SBS 3사와 함께 비지상파TV 사업자인 YTN DMB, KMMB(U1미디어), 한국DMB(QBS)가 각각 2~3개의 비디오 채널과 오디오·데이터 채널 한두 개씩을 운영하고 있다.

   IPTV는 인터넷망을 통한 TV서비스를 말한다. 3대 통신사업자인 KT, SK브로드밴드, LG유플러스가 사업자 허가를 받아 2008년 12월 상용 서비스를 시작했다. 디지털 케이블TV와 서비스 내용면에서는 큰 차이가 없으나 초고속인터넷망의 인프라와 통신사업자들의 공격적인 마케팅에 힘입어 후발 주자치고는 가입자 수를 크게 늘려나가고 있다.

4. 뉴미디어란 무엇인가

   뉴미디어에 대응하는 단어는 올드미디어일 것이다. 생겨난 순서로 보면 신문, 잡지, 라디오, TV 등 이른바 광고업계에서 통칭해온 4대 매체가 올드미디어에 해당한다. 이후 기술 발달에 따라 새롭게 탄생한 미디어가 뉴미디어인 것이다.

   1990년대만 해도 케이블TV나 위성방송을 뉴미디어라고 불렀다. 그러나 이들 매체는 기존의 지상파방송과 전송 방식이나 규모에서 다소 차이가 날 뿐이고 형태와 내용은 크게 다르지 않다. 조직을 갖춘 기업이나 단체가 훈련된 인력을 보유하고 독자나 시청자에게 일방적으로 콘텐츠를 전달하는 것이다.

올드미디어와 근본적으로 구분되는 뉴미디어의 특징은 흔히 미디어 2.0이라고 통칭된다. 참여와 개방과 공유의 정신에 따라 그동안 수용자 위치에 머물던 독자나 시청자들이 스스로 기사를 쓰고 UCC(user created contents · 사용자제작콘텐츠)를 만들어 유통시킨다.

이제는 모든 시민이 기자라는 말이 나오는가 하면 1인 미디어가 출현할 정도로 기자와 독자의 차이가 무의미해졌다. 한국에서 UCC를 만들어 유튜브에 올리면 지구 반대편의 브라질에서 곧바로 댓글을 달 만큼 영토와 대륙 구분도 없는 시대가 됐다.

이는 세계적인 추세이기도 하지만 얼리 어댑터(early adapter · 신기술의 수용이나 신상품의 구입이 빠른 소비자를 뜻하는 말)가 유독 많아 뉴미디어의 실험장으로 불리는 우리나라에서는 뉴미디어의 확산 추세가 매우 빠르다.

① 인터넷이란 무엇인가

1969년 미국 국방성의 지원으로 미국의 4개 대학의 컴퓨터를 연결하기 위해 구축한 통신망 아르파넷(ARPANET)이 기원이다. 처음에는 군사적 목적으로 구축되었으나 일반인을 위한 통신망으로 확산됐다.

정보 검색, 이메일 송수신, 전자상거래, 모임 안내판, 게임 등의 기능을 갖추고 있다. 초기에는 상업용, 교육용으로 쓰이다가 미디어에도 채택돼 인터넷신문, 인터넷방송, 웹진(인터넷잡지)이 속속 늘어나고 있다.

【 인터넷신문이란 무엇인가 】

　우리나라에서는 중앙일보의 조인스닷컴이 인터넷신문의 효시로 꼽힌다. 1995년 아시아에서는 가장 먼저 인터넷에 사이트를 개설했다. 이어 조선, 동아, 한겨레, 경향, 한국 등 주요 신문사들도 인터넷신문을 선보였다.

　언론학자들이 종속형 인터넷신문이라고 부르는 이른바 신문사 닷컴들은 신문사와 연합뉴스의 콘텐츠 등을 실시간으로 선보이며 방문자들을 끌어모았다. 그러나 신문사의 운영 형태에서 크게 벗어나지 않은 데다 새로운 콘텐츠를 선보이지 못해 인터넷 시대를 주도하는 데에는 한계를 보였다.

　방송사들도 마찬가지다. 방송사 뉴스 게재와 프로그램 다시 보기 등을 통해 많은 방문자를 확보하기는 했으나 시청자와 새로운 소통 창구를 마련했다는 것 말고는 큰 의미를 두기 어려웠다.

　기존 신문사와 방송사의 고민 가운데 가장 큰 것은 뾰족한 수익모델을 찾아내지 못한 가운데 사이트에서 새로운 뉴스와 콘텐츠를 미리 보여주면 정작 주 수익원인 오프라인 독자나 시청자들이 줄어들 수 있다는 것이다.

　주류 언론에 대항하는 미디어 2.0의 정신을 잘 살린 것은 독립형 매체였다. 1998년 패러디신문 딴지일보가 기존 매체의 보도를 비틀어 풍자하는 방식으로 인기를 모았고 이듬해 대자보가 인터넷신문의 본격적인 등장을 알렸다.

　기존의 미디어 지형도에 지각변동을 일으킨 인터넷 매체로는 단연 오마이뉴스를 꼽을 수 있다. 2000년 창간하자마자 뉴스 게릴라(시민

기자)를 동원한 신선한 기사 형식과 댓글 달기라는 새로운 소통방식을 앞세워 주류 매체의 의제설정 기능을 뒤흔들어 놓았다.

오마이뉴스는 프레시안, 서프라이즈 등 다른 진보 성향의 인터넷 매체들과 함께 객관주의 저널리즘을 뛰어넘어 여론 형성에 중요한 역할을 했다. 선거 보도에도 적극 뛰어들어 노무현 정부 탄생에 크게 기여했다는 평가를 얻었다.

오마이뉴스의 성공에 자극받아 보수 성향의 인터넷 매체도 속속 창간됐다. 데일리안, 독립신문, 프런티어타임스, 빅뉴스 등이 네티즌을 상대로 여론전을 벌이고 있다.

인터넷 매체는 굳이 인터넷신문과 인터넷방송을 구분하기 어렵다. 오마이뉴스가 김영삼 전 대통령의 고려대 앞 농성이나 민주당 대선 후보 경선을 생중계하는 것처럼 텍스트 뉴스와 동영상을 동시에 보여주기 때문이다.

인터넷방송도 기존의 방송처럼 고정된 편성표에 따라 방송하는 게 아니라 언제든지 방문자가 열어볼 수 있는 방식이어서 시간의 한계에 구애받지 않는다.

인터넷 매체의 수효는 집계하기 어렵다. 하루에도 수십 개씩 창간됐다가 사라지고 있기 때문이다. 다루는 내용을 중심으로 보면 정치나 이념을 지향하는 매체, 경제·금융 전문 매체, 연예·스포츠 전문 매체 등이 활발하게 활동하고 있다.

경제 매체는 증권, 금리, 환율, 채권, 선물 등의 분야에 실시간 뉴스 수요가 많고 기업을 상대로 배너 광고나 협찬 등을 유치하기가 쉽기 때문에 비교적 안정적으로 운영된다. 머니투데이, 이데일리, 아이뉴스24, 토마토뉴스 등이 대표적이다.

연예 매체는 젊은 네티즌의 기호에 맞는 뉴스를 생산하기 때문에 방문자 확보에 유리하다. 수익 모델을 만드는 것은 쉽지 않지만 인기 연예인이나 스포츠 스타들의 동정이나 화제를 시시각각 보도하며 네티즌들의 클릭을 유도하고 있다. 스타뉴스, 마이데일리, 오센 등이 인기를 얻고 있으며 스포츠지를 비롯한 오프라인 신문의 뉴스 사이트들도 페이지뷰를 늘리기 위해 연예 기사 생산에 열을 올리고 있다.

정치나 이념을 지향하는 매체들은 수익 모델이나 방문자 확보에 크게 관계없이 소신이나 신념에 따라 뭉친 사람들을 중심으로 활발하게 활동하고 있다. 이들의 관심사 가운데 하나는 기존 미디어 뉴스의 비평이나 관련 소식이다. 미디어오늘, 기자협회보, PD저널, 미디어스 등도 미디어업계에서는 영향력이 만만치 않다.

【 인터넷 포털이란 무엇인가 】

인터넷을 통해 미디어업계의 판도를 뒤바꿔놓은 것은 포털이다. 포털(portal)은 현관이나 관문이라는 말 뜻 그대로 인터넷 방문자들이 원하는 정보를 쉽게 찾아갈 수 있도록 안내하는 사이트를 뜻한다.

1999년 야후코리아를 시작으로 다음, 네이버, 네이트, 엠파스, 라이코스 등이 초기 화면에 뉴스를 제공하며 방문자를 불러 모으자 뉴스의 생산과 소비 패턴에 큰 변화가 일어났다. 방문자들은 여러 매체의 기사들을 한꺼번에 볼 수 있다는 사실에 열광했고 검색, 동호인 모임, 인터넷 쇼핑, 게임 등으로 수익모델을 만들어내려던 포털들은 뉴스가 킬러 콘텐츠가 될 수 있음을 간파했다.

초기에 연예 뉴스가 붐을 일으키자 2004년 KT는 PC통신 하이텔과 포털 사이트 한미르를 합친 파란닷컴을 출범시켰다. 파란닷컴은 5대 스포츠지의 콘텐츠를 독점하며 포털 업계에 그야말로 '파란'을 일으키려고 했으나 오히려 스포츠지들의 경쟁 인터넷 매체를 우후죽순격으로 태어나게 만들며 2012년 문을 닫았다.

세계적인 검색 포털 구글코리아도 한글 뉴스 서비스시장에 뛰어들었으나 한국적 미디어 상황에 적응하지 못한 채 고전 중이다. 뉴스 서비스를 처음으로 개시했던 야후도 한국에서 조용히 철수했다.

한국의 포털 뉴스 시장에서는 네이버가 독보적인 우위를 점하고 있으며 다음과 네이트가 뒤를 따르며 3강을 형성하고 있다.

1999년 문을 연 네이버는 이듬해 5월 뉴스 서비스를 시작했다. 지식검색을 무기로 카페의 다음, 싸이월드의 네이트를 누른 네이버는 뉴스 서비스 시장에서도 우위를 점했다.

"언론사의 뉴스를 헐값으로 사들여 떼돈을 벌고 있다", "언론사 뉴스의 제목을 임의로 바꾸고 입맛대로 배치한다" 등의 비난이 쏟아지자 2006년 뉴스를 클릭하면 뉴스를 제공한 언론사 홈페이지로 연동되는 아웃링크 방식으로 바꿨다.

그럼에도 불구하고 선정성 논란과 공정성 시비가 계속되자 2009년 언론사의 기사 제목이 자동으로 교체되며 노출되는 뉴스캐스트 방식으로 전환했다. 뉴스캐스트 방식에서도 이른바 과장된 제목으로 클릭을 유도하는 이른바 '낚시성 제목'의 문제가 여전했다. 또 일부 언론사는 언론사의 영향력이나 공신력과 상관없이 소위 'n분의 1'로 똑같이 평가되는 방식에 불만을 제기했다. 2013년부터는 사용자가 해당 언론사를 선택한 뒤 기사를 열람하는 뉴스스탠드 방식으로 서비스하고 있다.

언론사에는 포털 사이트가 양날의 칼이다. 많은 독자가 포털을 통해 뉴스를 소비하기 시작하면서 급격한 구독률의 하락을 가져왔고 이는 광고 수입 감소로 이어졌다.

그러나 포털로부터 받는 콘텐츠 제공료나 포털을 통해 유입되는 방문자를 외면하기도 어렵다. 파란닷컴에 뉴스를 독점 제공했다가 몰락을 재촉한 스포츠신문의 전철을 밟을 수도 있다. 신문협회를 중심으로 기존의 포털 사이트에 뉴스를 제공하지 않고 독자적인 뉴스 포털을 만드는 방안을 모색하고 있지만 실행 여부나 안착 가능성은 불투명하다.

② 모바일이란 무엇인가

모바일은 휴대용 단말기를 말한다. 처음 나온 휴대전화(피처폰)는 통화, 사진, 문자 전송, 녹음, 음악 듣기 등 간단한 기능에 머물러 미디어 구실을 제대로 할 수 없었다. 그러나 2007년 아이폰을 시작으로 스마트폰이 등장하면서 PC의 지위를 위협하기 시작했다.

2009년 아이폰이 국내에 상륙하는 것과 때를 맞춰 갤럭시폰이 출시됐고 아이패드, 갤럭시노트 등 스마트폰과 태블릿PC가 속속 등장해 모바일 기기 전성시대를 이루고 있다.

이들 모바일 기기는 컴퓨터 못지않은 기능을 갖춰 TV 보기, 신문과 잡지 읽기는 물론 컴퓨터에서 할 수 있는 모든 서비스를 제공한다. 언제 어디서나 글과 사진과 동영상을 올리고 이를 한 꺼번에 공유하면서 새로운 미디어 환경을 만들어 내고 있다.

언론사들도 여기에 맞춰 뉴스 애플리케이션을 개발하고 있으나 이용자들이 참여와 개방의 정신으로 만들어가는 사이버 뉴스의 세계에 적응하는 데 곤란을 겪고 있다. 현재까지는 모바일에서도 포털 뉴스가 대세를 이루고 있으나 언제 또 다른 강자가 등장할지 모르는 일이다.

팟캐스트라는 새로운 미디어도 등장했다. 애플의 아이팟(iPod)과 방송(broadcasting)을 합성한 신조어다. 오디오나 비디오 파일 형태로 다양한 콘텐츠를 인터넷망으로 제공하는 서비스다.

방송 시간에 구애받지 않는다는 점에서 인터넷방송과 큰 차이는 없고 MP3플레이어나 스마트폰 등을 통해 구독 등록만 해놓으면 자동으로 업데이트되는 관심 프로그램을 내려받아 아무 때나 들을 수 있다. '책 읽는 라디오', '나는 꼼수다', '시사난타 H' 등이 대표적이다.

③ 블로그란 무엇인가

블로그(blog)는 인터넷을 뜻하는 웹(web)과 항해일지(航海日誌)를 가리키는 로그(log)의 합성이다. 새로 올리는 글이 맨 위로 올라가는 일지 형식으로 돼 있어 이런 이름이 붙었다. 1997년 4일 미국 유저랜드 소프트웨어 설립자인 데이브 와이너가 '스크립팅 뉴스'란 이름의 1인 미디어를 창시하고 블로그란 이름을 붙였다. 그는 매일매일 인터넷의 바다를 항해하며 들른 웹사이트의 목록을 올려놓는 수준으로 블로그를 운영했다.

1999년 블로그 포털 사이트 블로거닷컴이 일반인도 손쉽게 블로그를 만들 수 있도록 서비스를 시작하면서 블로그는 대중화의 길을 걸었다. 우리나라에서는 싸이월드가 2001년 '미니홈피'란 이름의 커뮤니티 서비스를 오픈한 것을 기원으로 삼는다. 블로그란 이름의 사이트로는 2001년 국내 개발자가 모여 만든 웹로그인코리아가 효시이다.

네이버와 다음도 다양한 서비스를 내놓으면서 본격적으로 확산되기 시작했다. 블로그들을 연결시켜 놓은 메타블로그 사이트도 속속 등장했다. 분야별로 스타 블로거도 탄생했다. 기자 출신도 있고 박사급 전문가도 있지만 그야말로 숨은 '재야의 고수'도 여기저기서 나타났다. 프로페셔널(professional)과 아마추어(amateur)의 합성어인 프로튜어(proteur)나 블로거(blogger)와 기자(repoter)를 합친 블로터(bloter)란 신조어도 생겨났다. 블로거에 이동성을 결합한 모블로그(moblog)도 등장했다.

기업체에서는 해당 분야 파워 블로거를 초청해 신제품 설명회를 따로 열 정도로 영향력을 인정받고 있다. 그러나 몇몇 블로거들이 돈을 받고 인터넷 쇼핑몰에서 홍보성 글을 올려 법망에 걸리기도 했다.

④ SNS란 무엇인가

SNS는 소셜네트워크서비스(social network service)의 약자이다. 최근 페이스북(facebook)과 트위터(twitter) 등의 폭발적 성장에 따라 새로운 사회 현상으로 대두됐다. 싸이월드의 미니홈피가 '일촌'이란 이름의 독특한 인맥 커뮤니티를 토대로 한 것도 SNS의 일종이다. 마이스페이스, 미투데이 등도 많은 이용자를 확보하고 있으며 카카오톡도 여기에 포함된다.

비슷한 관심사나 활동을 공유하는 사람끼리 관계망을 구축해 소식이나 의견을 주고받는 시스템이다. 짤막한 단문 메시지에 관련 기사나 사진을 링크시켜 유통시킨다. 사회의 중요한 이슈에 대한 뉴스나 논평 등이 급속도로 확산돼 주류 매체 이상의 영향력을 발휘하기도 한다. 해외에서는 팝스타 레이디 가가, 국내에서는 소설가 이외수와 피겨스케이팅 선수 김연아 등이 가장 많은 팔로워를 거느린 SNS 스타로 떠올랐다.

SNS는 지극히 개인적이면서도 연대의 매체이기도 하다. 공동체의 파괴에 따라 파편화된 개인이 자신의 세계에 침잠하면서도 외부와 연결고리를 맺기 위해 끊임없이 세상과 소통하려는 현대 사회의 일면을 반영한 것이다.

글로벌화 추세에 따라 이 고리는 무한히 확장되고 있다. 자신을 꾸밈없이 드러내고 품은 생각을 서슴없이 털어놓는 신세대의 특성과 맞물려 서로를 훤히 들여다볼 수 있게 만든다. 불교 화엄경에서 말하는 인드라망처럼 전 세계 인류가 투명한 구슬로 엮여 서로를 비추고 있는 것이다.

하지만 신상 공개를 통한 인권침해, 유언비어의 유포, 편가르기식 언어 폭력, SNS 중독증 등의 부작용도 적지 않다.

제4장

—

언론인은 누구인가

1. 기자는 누구인가

기자(記者)는 기사(記事)를 쓰는 사람이다. 구체적으로는 신문사, 방송사, 잡지사, 인터넷신문사 등에 소속돼 보도 업무에 종사하는 사람을 말한다.

프리랜서 기자도 있고 시민기자도 있지만 매체에 소속돼 전업으로 일하는 전문직을 일컫는 것이 보통이다. 이 가운데에서도 이른바 주류 매체의 기자들이 사회적으로 큰 영향력을 갖고 있고 집단적으로 다른 직업군과 구분되는 특성을 지닌다.

여기서 말하는 기자의 일반적 특성이나 속성은 주류 매체의 기자들이 공통적으로 지닌 기질과 태도와 버릇을 뜻한다.

① 엘리트 의식이 강하다

기자들은 명문대를 나온 경우가 많다. 언론사마다 차이가 있기는 하지만 유력 매체의 경우 이른바 '스카이(SKY)대'라고 부르는 서울대, 고려대, 연세대 출신이 3분의 2에 가깝다.

나머지 대학 출신이라고 해도 '스카이대'에 버금가는 명문대를 졸업했거나 '언론고시'라고 부르는 시험을 치르고 입사했기 때문에 어려운 경쟁을 뚫고 기자가 됐다는 자부심이 매우 강하다.

② 자존심이 세다

기자들은 자존심이 세다. 엘리트 의식이나 직업적 자부심에서 오는 것도 있지만 조직에서 교육과 훈련을 통해 만들어진 것이기도 하다. 기자들은 수습 때부터 선배들한테서 "기자는 회사를 대표해 취재원을 만나는 것이므로 기죽지 말고 당당하게 행동하라"는 말을 귀에 못이 박히도록 듣는다.

그래서 대체로 건방지다는 인상을 준다. 기자들은 입사 이전부터 알고 지낸 사이거나 학연·지연에 따른 선후배가 아니면 웬만큼 친해져도 나이 많은 사람에게 반말을 듣는 것을 못 견뎌 한다. 나이 많은 사람에게도 직함 뒤에 좀처럼 '님'자를 붙이지 않는다. 사장이나 장관이라는 말 자체에 존대의 뜻이 담겨 있다고 보기 때문이기도 하지만 당당하게 행동하라는 훈련의 일환이기도 하다.

태도가 유순하면 취재원이 만만하게 보기 쉽고 감추려는 것을 알아내기도 어렵기 때문에 일부러 곤조(고약한 성질을 뜻하는 일본어)를 부리기도 한다. 이 역시 상당 부분은 훈련의 소산이다. 다른 기자에게 기삿거리를 먼저 제공하거나 주요 취재원과 만나는 자리에 빼놓으면 자신이나 소속 매체를 무시했다며 욕을 해댄다.

때로는 소속 매체의 기능이나 자신의 역할을 권한으로 착각하기도 한다. 무시당했다고 생각하면 비판하는 기사를 써대고, 홍보 효과가 있는 기사를 쓰고 나면 자신이 띄워줬다거나 키워줬다고 생각한다.

기업체나 관청의 홍보·공보 담당자에게 "내가 당신 승진은 못 시켜도 자르거나 물먹일 수는 있어"라고 공공연하게 협박하는 일도 있다. 이런 협박은 실제로 먹히기도 한다. 비판성 기사를 쓰면 홍보·공보 담당자가 괴롭기도 할 뿐더러 기자가 사장이나 장관을 만난 자리에서 자신을 좋지 않게 얘기할 수도 있기 때문이다.

③ 경쟁의식이 치열하다

　기자들은 매일 성적표를 받아든다. 경쟁지를 보고 자신이 맡은 분야에서 무슨 기사가 실리고 무슨 기사가 빠졌는지, 같은 사안을 어떻게 썼는지 늘 비교 당한다. 이들에게는 취재 현장이 전쟁터나 다름없다. 취재원과도 밀고 당기는 힘겨루기를 벌여야 하지만 경쟁지 기자들과 눈치작전과 실력 대결을 펼쳐야 하는 것이다.

　기자들은 경쟁지 기자들의 동태에 상당히 민감하다. 기자실에서 한동안 보이지 않으면 뭔가 혼자 다른 취재를 하지 않는지 의심한다. 동료 기자들을 따돌리기 위해 거짓말도 서슴지 않는다. 특종, 혹은 단독 기사를 써야 조직 내에서 평가받기 때문이다.

　매체 간에도 경쟁이 치열해 예전보다 회사의 이해관계에 민감해졌다. 동업자 의식이 많이 사라져 남들 보는 앞에서 노골적으로 다투기도 한다.

④ 전근대적 인간관계가 존재한다

　기자들은 아직도 도제식 교육을 받는다. 수습 기간에 각 라인(인근 경찰서 두세 개를 묶은 관할 지역)에 배치돼 1진 선배한테서 취재 노하우를 익히고 기사 쓰기를 배운다.

　잠도 제대로 자지 못한 채 모진 말을 들어가며 선배의 기사를 흉내 내다 보면 자신도 모르게 어느새 선배와 닮게 된다. 수습 기간이 끝나도 한동안은 혼자서 담당 분야를 맡지 못하고 선임자 밑에서 2진, 또는 3진 노릇을 한다.

　업무를 익히는 과정 못지않게 기사가 나가는 과정에도 1진 선배,

부장, 편집국장(보도국장) 등이 이른바 게이트 키핑(gate keeping) 역할을 하기 때문에 상명하복의 분위기가 남아 있다.

선배들은 후배의 교육을 맡는 것뿐만 아니라 밥값이나 술값을 내는 것도 당연하게 여긴다. 후배가 내려고 하면 건방지다는 말까지 듣는다. 촌지 문화가 없어졌음에도 불구하고 관행적으로 선배가 음식 값을 지불하는 업계는 아마 언론계 말고는 흔치 않을 것이다.

⑤ 깊이 파기보다는 넓게 안다

흔히 기자들은 아는 것도 없고 모르는 것도 없다고 한다. 독자나 시청자에게 세상 소식을 전해주는 일을 직업으로 삼고 있기 때문에 해당 분야를 잘 알고 있어야 할 것 같지만 그러기에는 맡은 분야가 너무 많고 자주 바뀐다.

언론사에서도 특별한 경우를 제외하고는 전문가 수준의 스페셜리스트(specialist)보다는 다방면에 걸쳐 두루 아는 제너럴리스트(generalist)를 선호한다. 아무 일이나 맡길 수 있기 때문이다. 해당 분야를 너무 잘 알면 일반 독자의 시선과 멀어질 우려도 있고 취재원과 유착될 가능성도 높다.

기자들도 한 분야를 너무 오래하면 매너리즘에 빠질 수 있고 데스크나 편집국장을 맡는 데도 불리해 몇몇 주요 부서를 거치려고 하는 경우가 대부분이다.

⑥ 정의감이 살아 있다

"기자와 경찰과 세무서 직원이 술을 마셨다면 술값은 누가 냈을까"를 묻는 우스개가 한동안 유행했다. 정답은 술집 주인이란다.

이런 농담이 유행하는 세태로 보아 기자들이 접대와 향응에 익숙하고 윤리 의식도 희박하다고 일반인들이 짐작하는 것도 무리는 아니다. 그러나 상당수의 기자들이 지사(志士) 정신을 간직하고 살아간다. 조직의 논리에 매몰돼 월급쟁이로 전락했다는 자조감에 시달릴 때도 적지 않지만 그래도 마음속에는 정의감이 꿈틀거린다.

사회의 어두운 구석을 밝히고 잘못된 것을 바로잡겠다는 생각에서 기자를 지망하는 젊은이가 아직도 많다. 약자의 억울한 처지를 동정하지 않고 권력자의 비리에 분개하지 않는다면 이미 기자 정신을 잃은 것이다.

조직도 마찬가지다. 권력을 감시하고 부패를 고발하며 사회 정의를 실현하려는 언론의 사명을 늘 의식하고 있다.

윤리의식도 비교적 투철한 편이다. 취재원과의 술자리를 취재의 연장이라고 생각해 얻어먹는 경우가 많은 것은 사실이지만 과도한 향응에는 거부감을 느끼는 것이 대부분이다. 촌지나 고가의 선물도 부담스러워 한다.

비리 사건에 연루돼 망신을 당하는 기자가 가끔 나오지만 극히 일부에 지나지 않는다. 회사의 필요에 따라 홍보성 기사를 쓰거나 비판성 기사를 쓰는 것에는 비교적 너그럽지만 개인의 이해관계 때문에 무리한 기사를 쓰려는 기자는 찾기 어렵다.

⑦ 사람을 좋아한다

사람을 좋아해서 기자가 된 경우도 있지만 기자 생활을 하다가 사람과 어울리는 것을 좋아하게 된 사례도 많다. 취재원과 친밀하지 않으면 기삿거리를 찾기도 어렵고 기사 쓰는 데 조언을 얻기도 쉽지 않기 때문에 새로운 사람과 만나고 이들과 친하려고 애쓴다.

여기서 빠질 수 없는 게 술이다. 체질적으로 술을 못 마시는 기자도 있고 요즘 젊은 기자들은 예전만큼 술을 즐기지 않지만 아직도 기자 집단 하면 술을 떠올리는 사람이 많다.

술은 취재원과 쉽게 가까워지게 만든다. 취재원도 긴장이 풀어져 비밀에 가까운 얘기를 잘 털어놓는다. 특종은 술자리에서 나온다는 말이 괜히 생겨난 것이 아니다.

경쟁에서 오는 스트레스와 미래에 대한 불안을 떨치기 위해 술을 자주, 많이 마시기도 한다. 전근대적 집단 문화가 남아 있으므로 일체감과 동질감을 다지기 위한 술자리도 잦다.

⑧ 호기심이 많고 부지런하다

세상, 사물, 인간에 대한 호기심이 많지 않으면 좋은 기자가 될 수 없다. 궁금한 것을 못 참고 자료를 뒤지거나 취재원에게 꼬치꼬치 물어봐야 기삿거리도 잘 찾고 좋은 기사를 쓸 수 있다. 대부분 기자들은 새로운 일에 호기심이 많고 궁금한 것에 대해 끊임없이 질문을 던진다.

술 때문에 자기 계발할 시간을 많이 빼앗기기는 하지만 의외로 부지런하다. 새벽 1~2시까지 술을 마시다가도 아침에는 회사나 출입처로 어김없이 출근한다. 그리고 틈나는 대로 책을 읽거나 인터넷을 뒤지거나 뭔가를 하고 있다. 심심한 것은 못 견디기 때문에 태생적으로 부지런한지도 모르겠다.

※ 알아두면 도움이 될 만한 기자들만의 용어

어느 전문가 집단에서나 자신들만이 주로 쓰는 용어가 있다. 기자도 마찬가지다. 그런데 기자들은 직업적으로 일반인과 접촉할 기회가 많은 편인데도 집단적 특성을 드러내며 빈번하게 언론계 용어를 쓴다.

이 가운데는 일본어에서 나온 말이 많다. 우리나라 근대 언론이 일본의 영향 속에서 태동해 성장했고 집단적 문화도 일본과 유사하기 때문이다. 글로벌 트렌드의 영향에 따라 영어에서 나온 말도 꽤 있다.

기자들은 외래어라 하더라도 원뜻 그대로 쓰지 않는 경우도 많다. 자신들만이 알아들을 수 있는 은어도 많이 사용한다.

홍보 담당자들은 언론계 용어를 어느 정도 알아야 언론인과 원활하게 대화할 수 있으며 적절히 대처할 수 있다. 때로는 언론인과 만날 때 언론계 용어를 가끔 사용하면 언론을 잘 아는 사람으로 평가받을 수도 있다.

다음은 홍보 담당자는 물론 언론인과 접촉할 일이 있는 사람에게 도움이 될 만한 언론계 용어와 뜻풀이다.

▶ **야마** = '산(山)'을 뜻하는 일본어 'やま'에서 나온 말로 추정되며 기사의 주제나 핵심을 말한다. 흔히 "야마가 없다"거나 "야마가 뭐냐"는 식으로 사용한다.

▶ **사스마리** = 일본어 '사쓰마와리(察廻り)'를 흔히 이렇게 발음한다. 사회부 기자가 경찰서를 돌면서 사건을 취재하는 것을 뜻하며, 일반적으로는 경찰 출입기자를 일컫는다. 이들이 경찰서 관내 병원이나 파출소 등을 돌며 사건 유무를 확인하는 것, 혹은 기자들이 담당 분야 출입처를 순회하는 것을 '마와리(廻り) 돈다'고 표현한다. 신입 기자들은 통상 수습 기간 6개월 가운데 3~4개월 동안 경찰서에 출입하며 훈련을 받는다. 수습기자가 아니더라도 경찰서 출입은 비교적 연차가 낮은 기자들이 맡는다.

▶ **나와바리**(繩張) = 새끼줄을 쳐서 경계를 정한 것에서 나온 일본말로 원래는 세력권을 말한다. 기자들의 담당 분야를 일컫는 말이다.

▶ **캡** = 선장이나 주장을 뜻하는 영어 '캡틴(captain)'의 줄임말이다. 사회부 경찰기자 반장, 혹은 팀장을 일컫는다. 서울시 경찰청에 상주하며 일선 경찰서를 출입하는 기자들을 지휘하므로 '시경캡'이라고 부른다. 경찰팀장의 성만 따서 '김캡', 박캡' 등으로 부르기도 한다. 부팀장 격의 기자는 '바이스(vice)'라고 부른다. 경찰청을 출입하거나 서울 중부경찰서에 상주하는 경우가 보통이다. 법조팀장을 법조캡이라고 부르기도 하는데 사회부 말고는 '캡'이란 말을 잘 쓰지 않는다.

▶ **엠바고**(embago) = 일정 시점까지 보도를 유예하는 협정을 말한다. 국가 안보와 관련된 사안이나 유괴범 수사 등의 경우 먼저 보도가 나가면 국익이나 공익을 해칠 수 있기 때문에 관계 당국이 엠바고를 요청하면 기자들은 협의를 통해 수용 여부를 결정한다. 엠바고는 국민의 알 권리를 제한하는 것이므로 최소화하는 것이 바람직하다. 그러나 국익이나 공익과 관련 없는 사안을 놓고도 엠바고를 취재원이 일방적으로 요구하거나 기자단이 남발해 문제가 되기도 한다. 엠바고를 깨면 기자실 출입금지 등의 제재를 받는다. 그러나 수용 의사를 밝히지 않은 언론사는 엠바고를 지킬 의무가 없고, 기자단의 소속 매체나 다른 매체에서 보도가 나오면 엠바고가 깨졌다고 보는 것이 일반적이다. 그러나 2011년 1월 삼호주얼리호가 소말리아 해적에게 납치됐을 때 해군이 1차 군사작전에 실패한 사실을 국방부에 출입기자를 두지 않는 부산일보가 보도하자 국무총리실을 비롯한 모든 중앙행정기관은 부산일보를 상대로 기자실 출입 제한 및 보도자료 제공 중지라는 제재를 내렸다. 부산일보가 이에 반발해 국가를 상대로 손해배상청구소송을 제기했으나 법원은 "다른 취재기자들에 의해 엠바고 요청이 수용되었음을 알면서도 당사자가 아니라는 이유만으로 아무런 제한 없이 관련 내용을 보도할 수 있다고 볼 수는 없다"며 기각했다.

▶ **오프 더 레코드**(off the record) = 기사화하지 말 것을 요구하는 용어다. 엠바고와 마찬가지로 취재원과 기자 간의 동

의에 의해 성립되나 이를 깼을 때 마땅한 제재 수단이 없어 지켜지지 않는 경우가 많다. 언론사로서는 오프 더 레코드를 전제하고 얘기를 듣긴 했으나 사안이 중대해 국민의 알 권리 차원에서 즉각 보도해야 한다고 판단할 수도 있다.

▶ **풀(pool) 기사** = 공동취재단 가운데 일부가 작성해 소속 언론사가 공동으로 이용하는 기사를 말한다. 예를 들어 대통령 관련 기사의 경우 의전 등의 문제로 모든 기자가 한꺼번에 취재하기 어렵기 때문에 기자단 가운데 한 명이 대표로 취재해 기사를 작성하거나 사진을 찍으면 공동취재단의 이름으로 기사를 게재한다.

▶ **당꼬** = 일본어 '단고(談合)'를 편한 대로 발음한 말이다. 말 그대로 기사를 쓸 건지 안 쓸 건지, 혹은 어떤 방향으로 쓸 건지 기자들끼리 담합하는 일을 뜻한다.

▶ **하리코미(張り込み)** = 원래는 형사들이 잠복해 용의자 등을 감시하는 것을 뜻하는 일본어. 기자들은 언제 나타날지 모르는 취재원을 기다리는 일을 일컫는다. 우리말로 '뻗치기'라고 한다.

▶ **벽치기** = 주요 취재원들이 비공개로 회의를 하거나 면담할 때 문이나 벽에 귀를 대고 흘러나오는 말을 받아 적는 일을 말한다. '귀대기'라고도 한다. 2011년 KBS 수신료 인상을 두고 여야가 대립할 때 민주당 대표실에서의 대책회의 내용이 공개되자 민주당은 KBS 기자의 도청 의혹을 제기했고 KBS는 통상 용인되는 방식으로 취재한 것이라고 반박한 바

있다.
▶ **도쿠다네**(特種) = 가장 먼저, 혹은 혼자 취재해 기사를 싣는 것을 말한다. 영어로는 '스쿠프(scoop)'라고 한다. 기자로서는 가장 영예로운 일이다. 기자들은 흔히 '도꾸다니' 혹은 '도꼬다이'라고 발음한다. 기사 가치가 상대적으로 작으면 '단독기사'라고 말하기도 한다. 반대말은 낙종(落種)인데 흔히 '물먹었다'고 표현한다. 어느 한 매체가 특종을 하면 나머지 언론은 모두 낙종한 셈이다. 모든 언론이 보도했는데 혼자만 놓쳤을 경우에는 특별히 '도쿠누키(獨拔き)'라고 부른다. 기자로서는 가장 불명예스러운 일이다. 마와리를 돌고도 도쿠누키를 하면 '가리마와리(空廻り)', 즉 헛고생한 셈이다.
▶ **가케모치**(掛け持ち) = 둘, 혹은 셋 이상의 분야를 담당하는 일. 예를 들어 종교를 담당하며 문화재도 담당한다면 "종교와 문화재를 가께모찌하느라 바쁘다"는 식으로 표현한다.
▶ **마루땡땡** = '둥글 환(丸)'자와 '점 점(點)'자를 일본식으로 읽은 것이다. 원래 일본어 발음을 외래어표기법에 따라 적으면 '마루텐텐'이다. 물방울무늬를 일컫는 '땡땡이 무늬'도 '점(點)'자의 일본어 발음에서 나온 것이다.

가벼운 스케치 기사를 떨어진 이삭을 줍는다는 뜻에서 '낙수(落穗) 기사'라고 부른다. 흔히 낙수 기사의 게재할 때 각 꼭지 첫머리에 'ㅇ…' 표시를 한 것에서 나왔다. 요즘은 이런 형식의 표기를 찾아보기 어려우나 관행적으로 스케치 기사를 지칭할 때 '마루땡땡' 기사라고 부른다.

▶ **미다시**(見出し) = 기사의 제목을 뜻하는 말로 요즘은 영어 '헤드라인(headline)'이라는 말을 더 많이 쓴다. 기사의 표제 말고도 글의 내용을 함축하는 문장을 뽑은 발문(拔文)을 일컫기도 한다.

▶ **데스크**(Desk) = 주로 책상에 앉아 일선 기자들의 기사를 본다고 해서 생겨난 말이다. 기사의 게재 여부에서부터 문장 구성이나 맞춤법에 이르기까지 기사 전반을 검토하고 손질하는 일을 가리키기도 하고 그 일을 하는 사람을 뜻하기도 한다. 주로 부장이 데스크 역할을 맡고 그 아래 부장대우급이나 차장급이 대신할 때도 있다. 업무가 많을 경우 이들을 보조데스크로 상시 운영한다.

▶ **쪼찡** = 앞길을 밝힌다는 뜻의 '제등(提燈)'에서 나온 말. 외래어표기법대로라면 '조친'이라고 써야 한다. 특정인이나 업체 등을 일부러 홍보해 주는 기사를 가리킨다. 흔히 시쳇말로는 띄워주는, 언론계 속어로는 빨아주는 기사라고도 한다. 반대로 악의를 담은 비판성 기사는 조지는 기사라고 한다.

▶ **석양주**(夕陽酒) = 가판이 있던 시절 조간신문 기자들은 해당 지면의 교정지를 보고 나면 오후 5시를 전후해 이른 저녁을 먹으러 나간다. 이때 보통 반주를 마시는데, 해가 뉘엿뉘엿 넘어갈 때 마시는 술이라고 해서 부르는 이름이다.

석양주는 보통 두 시간을 넘지 않는다. 오후 7시를 전후해 신문을 보러 사무실에 들어온다. 다른 신문의 초판까지 확인한 뒤 별일이 없으면 퇴근하고, 빠뜨린 기사가 있어 지면을

> 교체하거나 기사를 보완할 일이 있으면 다시 바빠진다. 석양 주에서 발동이 걸려 밤샘주로 이어지는 경우도 많다.

2. PD는 누구인가

PD란 프로그램을 만드는 사람을 일컫는다. '프로그램 연출자'란 뜻의 'program director' 머리 글자이기도 하고 '제작자'란 뜻의 'producer' 약자이기도 하다.

PD는 방송사의 핵심적인 직군이다. 기자들과 마찬가지로 어려운 입사시험 경쟁을 뚫고 들어온 만큼 명문대 출신이 많고 직업적 자존심도 강하다. 그러나 기자들에 비해서는 집단의식이 약하고 조직을 우선시하는 문화도 덜하다.

PD라고 해서 다 같은 PD가 아니다. 기자라면 담당 분야가 달라도 어느 정도 동질성과 공통점을 지니고 있다. 그러나 PD들은 라디오 PD와 TV PD가 다르고 드라마, 시사교양, 다큐멘터리, 쇼, 코미디, 버라이어티 등 분야마다 하는 일이 판이해 기질이나 스타일도 제각각이다.

그래도 공통적인 PD의 기질과 태도를 간추리면 다음과 같다.

① PD는 창조자다

PD는 프로그램을 만드는 사람이다. 있는 사실을 보도하는 기자와는 다르다. 물론 있는 그대로 현실을 화면에 담으려는 다큐멘터리도 있고 보도성 시사 프로그램도 있지만 대부분은 현실을 투영하기보다 시청자들이 보고 싶은 허상을 창조해내는 것에 가깝다.

촬영 기법이나 편집 기술 등을 배우며 영상언어나 영상문법에 뛰어나다. 서사구조에도 익숙해 스토리텔링에 강하다. 때로는 지나치게 화면 배치나 이야기 구성에 매달리다 보니 프로그램을 한쪽 방향으로 몰아가려는 경향이 있다는 지적도 받는다.

이러한 특성은 PD저널리즘 논란과도 관련이 있다. 이는 물론 시사교양 프로그램을 담당하는 일부 PD에 국한된 것이다. PD들이 추적 보도에 나서는 것을 두고 PD저널리즘이라고 부른다. 기자들이 출입처와 유착되거나 객관주의의 함정에 빠져 비리 고발에 선뜻 나서지 못할 때 MBC 'PD수첩', KBS '추적 60분', SBS '그것이 알고 싶다' 등의 PD 제작 프로그램이 적지 않은 역할을 한 것은 사실이다.

② PD는 기획자다

프로그램을 만드는 것은 기사를 쓰는 것과는 다르다. 기사도 기획기사가 있으나 프로그램은 그 자체가 기획에 의해 탄생하는 것이다. 프로그램의 취지, 주시청 대상, 출연자, 콘티, 예산, 촬영 및 녹화 계획, 방송 편성시간대, 방송 일시 등을 미리 계획해 진행하는 것이다.

뛰어난 PD는 훌륭한 기획자이다. 머릿속에서는 늘 어떤 프로그램을 만들까 고민하고 구상하고 있다. 시류에 맞는 주제를 담고 시청자들이 좋아하는 소재를 동원해 신선한 방식으로 만들어야 한다. 설혹 다른 프로그램과 유사한 포맷이라고 해도 뭔가 새롭고 실험적인 요소가 있어야 인정받는다.

기획은 기획으로만 끝나면 안 된다. 프로그램으로 탄생하려면 윗사람과 조직을 설득시켜야 한다. 그러려면 그럴듯하게 보이는 기획안을 만들어내야 한다. 요즘은 협찬사 관계자를 설득시키는 것도 큰일이다. 협찬이 붙지 않아 프로그램 기획안이 엎어지거나 (폐기되거나) 협찬사에 따라 기획 의도가 바뀌는 일도 종종 있다.

③ PD는 지휘자다

하나의 프로그램을 만들려면 여러 사람이 필요하다. 드라마는 거의 영화에 가까운 수준이다. 버라이어티 프로그램만 해도 출연진과 매니저를 비롯해 연출팀, 작가팀, 스크립터, 촬영팀, 조명팀, 음향팀, 기술팀, 소품팀, 분장 및 코디네이터, 의상, 촬영지 헌팅, 음악, 편집, 타이틀, CG(computer graphic), 홍보 등 방대한 인원이 투입된다.

PD는 프로그램의 성공을 위해 이들을 하나로 뭉치게 하고 조화를 잘 이룰 수 있도록 리더십을 발휘해야 한다. 작가와 호흡이 잘 맞아야 하는 것은 물론이고 왜 이런 장면이 필요한지 출연자와 스태프들을 설득할 수 있는 능력이 있어야 한다.

PD들은 실제로 리더십을 갖춘 경우가 많다. 여러 사람을 설득하며 끌고 나가는 노하우가 몸에 밴 것이다. 그러나 이것이 지나쳐 늘 다른 사람에게 지시하려는 버릇을 버리지 못하는 사례도 있다.

④ PD는 종합예술가다

PD는 장인정신을 지니고 있다. 영상, 음악, 대사와 내레이션 등이 조화를 이뤄야 좋은 프로그램이 나올 수 있다 보니 예술적 감수성이 발달한 PD도 많다. 문학, 영화, 연극, 음악, 미술, 사진 등에 관심이 많고 소질도 뛰어나다.

일반적으로 기자들이 지사적 태도나 정치적 지향성을 드러내는 것과 달리 PD들은 문화적 소양을 갖췄거나 예술적 '끼'가 넘치는 경우가 많다.

⑤ PD는 자유분방하다

기자는 초년병 시절부터 선배에게 혹독한 교육을 받는다. 연차가 쌓여 독립적인 출입처를 맡더라도 선배나 부서장에게 끊임없이 취재 지시와 기사 데스크를 받는다.

PD는 기자보다 더한 조연출 시절을 거쳐야 한다. 그러나 몇몇 프로그램을 거치며 일을 익히는 것이지 선배가 기사 쓴 대로 베끼라는 것처럼 선배들의 연출 스타일을 따라하도록 강요받지는 않는다. 선배를 흉내 내는 것은 피해야 할 금기이기도 하다.

또 일단 한 프로그램의 책임을 맡으면 CP나 EP, 국장 등의 지시를 받기는 하지만 비교적 독립적인 연출 권한을 갖게 된다. 특별히 정치적으로나 사회적으로 민감한 사안이 아니면 사장이나 본부장도 개입하기가 쉽지 않다.

선후배 간 서열 의식이 약하고 조직 문화도 비교적 자유스럽다. 늘 새로운 것이나 실험적인 것을 좇다 보니 성격 자체도 자유분방해지는 경우가 많다.

⑥ PD는 디테일에 강하다

한 프로그램을 만들려면 신경 쓸 일이 많다. 분야마다 스태프가 있지만 최종적인 책임은 PD가 져야 한다. 그래서 대단히 꼼꼼하다. 얼핏 보면 무심코 지나갈 수 있는 일을 따지고 사소한 것에 목숨을 걸려는 것처럼 보이기도 한다.

프로그램이 재미가 없다거나 진부하다는 비판을 들을망정 완성도가 낮다는 말을 듣는 것을 대단히 싫어한다. 이는 PD의 기본이기 때문이다.

⑦ PD는 끈질기다

분야마다 업무 스타일이 다르기는 하지만 매일매일 일을 마무리하는 기자들과 달리 PD는 간격이 길다. 통상 주간 단위지만 PD에 따라 몇 주에 한 편씩 제작하는 경우도 많다. 기획과 제작에 몇 년씩 걸리는 장기 기획물도 있다. 프로그램을 끝내고 난 뒤 재충전과 기획 준비 시간이 주어지기도 한다.

인쇄매체 기자로 따지면 잡지에 가까운 편이다. 특정 사안을 취재하기 위해 몇 달씩 매달리는 것은 예삿일이다. 특정 출연자를 섭외하기 위해 전화통을 붙잡고 살거나 무턱대고 집 앞에서 기다리기도 한다.

⑧ PD는 시청률에 목을 맨다

　기자가 특종에 목을 맨다면 PD는 시청률에 목을 맨다. 시청률을 높여 준다면 악마에게 영혼까지도 팔 준비가 돼 있다. 방송통신심의위원회의 지적이나 시청자단체의 비판을 받을 줄 뻔히 알면서도 시청률을 위해 특정 연기자를 출연시키기도 하고 선정적인 장면이나 막말을 여과 없이 내보내기도 한다.

　매일 소수점 두 자리까지 표시돼 책상에 올라오는 시청률표는 PD들의 일일 성적표다. 기자들은 뉴스 시청률이 떨어졌다고 해서 PD만큼 괴로워하지 않는다. 뉴스가 시청률로만 평가받을 일도 아닌 데다 어차피 혼자 책임질 일도 아니기 때문이다.

　이런 시청률 지상주의는 광고 경기가 불황의 터널에서 벗어나지 못하고 매체 간 경쟁이 심화되면서 더욱 심해졌다. 봄가을 프로그램 개편 때만 되면 흉흉한 소문이 돈다. 어떤 프로그램이 막을 내린다거나 시간대가 바뀐다는 둥 어떤 PD가 빠지고 새로 투입된다는 둥 하는 말이 PD를 초조하게 만든다.

※ 알아두면 도움이 될 만한 PD들만의 용어

　PD란 말이 영어인 것처럼 영어로 된 용어가 많지만 일본어도 많이 쓴다. 방송도 신문과 마찬가지로 일본에서 기술과 조직과 관행을 물려받았기 때문이다.

▶ **입뽕**(一本) = 일본어의 외래어표기법에 따르면 '잇폰'이라고 적는 게 맞다. 원래는 견습을 마치고 일정한 기준에 달한 기생을 뜻한다. PD가 처음 프로그램을 연출하는 일을 말한다. 연출 데뷔작인 셈이다.

PD의 경우 기자와 달리 수습기간을 거치고도 한동안 조연출(AD) 생활을 하다가 연출을 맡기 때문에 한 분야에 처음 등장한다는 뜻의 '데뷔(debut)'보다는 승격을 의미하는 '엘리베이션(elevation)'에 가깝다는 견해도 있다.

▶ **쌈마이**(三枚) = 표기법에 따르면 '산마이'라고 써야 한다. 삼류(三流) 배우를 지칭하는 말에서 싸구려, 하찮은 것, 세련되지 못하고 수준이 낮은 것 등을 가리키는 말로도 확장돼 쓰인다.

일본의 전통극 가부키에서는 막이 오르기 전 연기자의 이름이 적힌 종이를 한 장 한 장 넘기며 배우를 소개하는데 첫 장에는 여주인공 역할을 맡은 남자 배우, 두 번째 장에는 남주인공 역의 배우, 세 번째 장에는 조연 배우들의 이름이 적혀 있는 데서 유래했다.

반대말은 '니마이(二枚)'. 두 번째 장에는 남주인공 이름이 적혀 있는데 흔히 미남 배우를 가리키는 말로 쓰인다.

▶ **시로도**(素人) = 아마추어, 문외한, 비전문가, 초보자 등의 뜻으로 쓰인다.

▶ **간지**(感じ) = 말 그대로 느낌이란 뜻이다. 방송가에서는 "이

런 간지가 나오도록 찍어 달라"는 식으로 흔히 분위기를 뜻하는 말로 쓰인다. 요즘 젊은이 사이에서는 '멋진 스타일', '강한 느낌' 등을 가리키는 말로 쓰인다.

▶ **시바이**(芝居) = 연극, 연기를 뜻하는 일본어. 방송에서는 상황 설정, 인위적 연출, 인물의 동선 등 다양한 뜻으로 통용된다.

▶ **데모치**(手持ち) = 카메라를 트라이포드(삼각대)에 고정해 찍는 것이 아니라 카메라맨이 어깨에 올려 놓고 찍는 기법. 흔히 어깨걸이 촬영이라고 하며 영어로는 핸드헬드(handheld)라고 한다.

▶ **다치마와리**(立回り) = 싸움을 뜻하는 일본말. 사람이 한꺼번에 싸우는 액션 장면을 뜻한다.

▶ **FD**(Floor Director) = 무대감독이라는 뜻이지만 실제로는 촬영 현장에서 진행을 돕는 사람을 지칭한다. 프로그램 말미에 나가는 스태프 크레디트(staff credit)에는 보통 '진행'으로 명기된다.

▶ **신**(scene) = 장면을 뜻하는 말. 필름이 끊이지 않고 하나로 연결된 숏(shot)이 모여 신을 이루고 신이 모여 하나의 에피소드를 구성하는 시퀀스(sequence)가 된다.

'숏'은 흔히 미국식으로 '샷'이라고 발음한다. 한 사람이 담기면 '원 샷', 두 사람이 담기면 '투 샷', 세 사람이 담기면 '쓰리 샷'이라고 한다. 여러 사람이 담기면 '그룹 샷'이라고 하는데 '떼샷'이라는 말을 더 즐겨 쓴다.

전투 장면이나 시위 장면 등 많은 사람이 등장하는 군중 신은 '몹신(mob scene)'이라고 한다.

▶ **큐 시트**(cue sheet) = PD가 시작 신호인 '큐' 사인을 내는 종이라는 뜻. 프로그램 녹화나 생방송 진행에 필요한 순서가 한두 장에 모두 들어 있다.

▶ **콘티** = 연속성을 뜻하는 영어 'continuity'의 줄임말이다. 장면의 연계성이 유지되도록 출연자의 옷이나 소품 등을 지정해놓은 연출용 노트에서 비롯됐다.

이제는 옷이나 소품에 그치지 않고 대본을 바탕으로 화면 구성, 인물의 동작, 카메라의 위치 등을 간단한 그림과 글로 표시해 놓은 촬영용 대본을 가리킨다.

▶ **대본** = 대사, 지문 등이 모두 적혀 있는 것을 가리킨다. 드라마가 아닌 교양이나 예능 프로그램에서는 '스크립트(script)'란 말을 많이 쓴다. 드라마에서는 보통 미리 원고를 넘겨 책 형태로 인쇄해 만든다. 그러나 시간 여유가 없을 때는 작가가 팩시밀리나 이메일로 보내준 대본을 급히 출력·복사해 낱장으로 출연진과 제작진에 배부한다. 이를 쪽대본이라고 부른다.

▶ **쿠션**(cushion) = 방송 시간이 예정된 편성 시간을 초과할 것에 대비해 빼도 되는 비디오 클립을 말한다. 완충작용을 한다는 뜻에서 나온 말이다.

▶ **디졸브**(dissolve) = 한 화면이 사라짐과 동시에 다른 화면이 점차로 나타나는 장면 전환 기법. 화면의 밀도가 점점 감소하고 다른 화면의 밀도가 높아져 이윽고 장면이 전환되는 것을 말한다. 영화 용어인 오버랩(over-lap)과 비슷한 뜻으로 쓰인다.

▶ **보카시**(暈し) = 색의 농담(濃淡)의 경계를 희미하게 한다는 뜻이다. 방송에서는 초점이 맞지 않는 화면, 즉 포커스 아웃(focus-out)을 가리킨다. 촬영 기법상 일부러 흐릿한 화면을 만들 때 쓴다. 화면이나 색조를 점차 흐리게 하거나 명암을 차례로 변화시킬 때도 이 말을 쓴다. 한자어로는 계조(階調), 영어로는 그라데이션(gradation)이라고 한다.

▶ **멘트**(ment) = 진행자나 출연자의 아나운스먼트, 관계자의 코멘트 등을 흔히 줄여 부르는 말이다. 국적 불명의 잘못된 용어인데 일반인도 많이 쓰고 있다.

▶ **SB**(station break) = 한 프로그램이 끝나고 다른 프로그램이 시작하는 사이의 준비 및 조정 시간을 가리킨다. 이때 방송사 소개와 다음 프로그램 안내 등이 전파를 탄다.

▶ **부조** = 부조정실(副調整室·sub-control room)의 줄임말이다. 스튜디오 바로 앞에 설치돼 PD가 프로그램을 연출하는 곳이다. 영상 설비와 음향 설비 등이 놓여 있다. 방송국에서 프로그램을 종합 조정해 내보내는 주조정실(主調整室)은 '주조'라고 줄여 말한다.

3. 그 밖의 언론인은 누구인가

언론인이라고 하면 언론사에 소속된 기자와 PD를 일컫는 것이 보통이다. 그러나 언론 활동에 종사하는 사람의 범주는 훨씬 넓다. 프리랜서 기자나 PD도 있고 언론사에 소속된 다른 직군의 임직원들도 직간접적으로 언론 활동에 관계한다. 특히 방송사의 아나운서, 리포터, 작가 등도 실제로 언론 활동에 종사한다.

아나운서는 방송사에서 진행을 주로 맡는 직군을 말한다. 아나운서의 활동 영역은 다양하다. 뉴스 진행이나 스포츠 중계를 맡는 인물을 캐스터(caster)라고 한다. 종합뉴스의 경우 특별히 앵커(anchor)라고 부르는데 우리나라에서는 앵커와 캐스터의 역할 구분이 뚜렷하지 않다. 미국 CBS TV의 전설적인 뉴스 진행자 월터 크롱카이트처럼 뉴스 전반을 총괄하며 논평까지 맡는 인물을 앵커라고 부른다.

우리나라에서는 메인뉴스의 경우 남녀가 공동으로 진행하는 코앵커(co-anchor) 시스템을 쓰고 있다. 남자는 기자, 여자는 아나운서가 많다. 여자 앵커의 경우 아나운서로 입사했다가 기자로 전직한 사례도 적지 않다.

아나운서는 음악프로그램 진행자(DJ), 교양이나 오락 프로그램 사회자(MC)나 리포터, 다큐멘터리 내레이터 등을 맡기도 한다.

리포터란 그 자체로 기자라는 뜻이지만 우리나라에서는 뉴스 이외의 프로그램, 예를 들어 TV 연예정보 프로그램이나 라디오 종합구성 프로그램 등에서 소식을 전해주는 역할을 말한다. 작가는 프로그램에 따라 다양하다. 거의 모든 방송 프로그램에 작가가 따라붙는다고 보면 된다. 드라마처럼 극본을 쓰는 작가도 있고 다큐멘터리 내레이션을 쓰는 작가도 있다. 교양이나 오락프로그램 등에서는 진행자의 아나운스먼트를 쓰는 것뿐만 아니라 취재, 출연자 섭외, 진행 보조 등의 역할도 맡는다.

지방이나 해외에는 주재원이나 특파원 대신 현지인 통신원을 두기도 한다. 이를 스트링어(stringer)라고 부르는데 일정 기간 계약을 맺고 뉴스를 전해주거나 취재를 돕는다. 외신사의 국내 지사에서도 한국인 스트링어를 고용하고 있다.

뉴미디어의 발달에 따라 시민기자도 부쩍 늘어났고 웬만한 언론사의 기자를 뛰어넘는 영향력을 지닌 파워 블로거도 적지 않다. 트위터리안 등 SNS 헤비 유저 가운데 언론인의 역할을 하는 이들도 많다.

분야별 단골 필자나 출연자도 언론인이나 다름없다. 대학교수, 소설가, 변호사, 문화평론가, 문화예술인, 시민운동가, 전직 언론인, 전직 관료 등 신문에 칼럼을 쓰거나 방송에 출연하며 여론 형성에 지대한 역할을 하는 것이다.

제5장

언론을 어떻게 대하고 활용할 것인가

1. 언론인을 대할 때 명심해야 할 십계명

언론은 매우 유용한 홍보 창구이기도 하지만 엄청난 손해를 끼치는 무서운 칼날이기도 하다. 그래서 불가근 불가원(不可近不可遠)이라는 말이 생겨난 것이다. 지나치게 가까워서도 안 되지만 지나치게 멀리해서도 안 된다는 뜻이다.

언론은 공익 또는 자신의 이익을 내세워 언제든지 돌변할 수 있다. 기자 역시 마찬가지다. 취재를 위해 둘도 없는 친구인 것처럼 행동하다가도 기사를 위해 등을 돌리기도 한다. 기자와 가깝게 지내는 것이 도움이 되지만 지나치게 믿어서는 곤란하다.

① 언론의 고유 역할을 인정하라

언론사는 대부분 사기업이다. 그러나 언론의 공익적 기능과 역할 때문에 기자들은 늘 독자나 시청자의 알 권리를 내세운다.

때로는 "당신이 뭔데 꼬치꼬치 캐묻느냐"고 따지거나 "우리가 언론에 자료를 제공할 의무가 있느냐"고 항변하고 싶을 때도 있을 것이다. 그러나 그런 마음을 품어서도 안 되고 그런 말을 입 밖에 내서도 안 된다. 설혹 약속도 하지 않은 채 불쑥 들이닥쳤다 해도 정중한 태도로 맞아야 한다. 도저히 기자를 맞을 여건이 아니라면 충분히 사정을 설명한 뒤 다음에 만날 약속을 잡거나 언제 연락을 주겠다고 말해야 한다. 남의 사무실에 왜 함부로 들어오느냐며 문전박대한다면 뭔가 불안한 구석이 있어 취재를 거부하는 것으로 받아들일 가능성이 높다.

공공기관이 아닌 기업이나 단체도 소비자나 시민과의 관계 속에서 성장하고 발전하는 것이다. 언론과의 관계가 공중 관계의 출발점이자 종착점이라는 점을 인식하고 그들의 기능을 인정해야 한다.

편집, 제목, 사진설명, 세세한 문장 표현 등에 대해 간섭하거나 비난하는 듯한 언행도 주의해야 한다. 이는 언론의 고유 영역이자 권한이라고 생각하기 때문이다.

뉴스의 가치 판단이나 방향을 놓고 논쟁을 벌이는 것도 바람직하지 않다. 오히려 반감을 일으키기 십상이다. 시종일관 이해를 바라는 태도로 설득해야 한다.

② 언론사를 차별하지 말라

실제 위상이나 영향력으로 볼 때 모든 언론사를 똑같이 대할 수는 없는 일이다. 그러나 적어도 공개적인 자리에서는 자신의 소속사가 홀대받거나 자신이 무시당한다는 인상을 주어서는 안 된다.

보도자료도 가급적 일제히 배포하고 기자간담회 자리에서도 특정인을 편애하거나 특정 매체를 무시하는 듯한 언행을 조심해야 한다. 간단한 선물을 전달하거나 편하게 몇몇 기자들과 만나는 자리라 해도 신중해야 한다.

기자들은 농담처럼 "기사 물먹은 건 참아도 촌지 물먹는 건 못 참는다"는 말을 한다. 촌지에 욕심이 나서라기보다 인정을 받지 못한 것에 화를 내는 것이다. 몇몇 기자와 식사를 하거나 술을 마시고 싶으면 기자에게 누구누구 부르는 게 좋을지 물어 보도록 하라. 설혹 그 자리에 빠진 기자가 나중에 알게 되더라도 홍보 담당자가 부른 게 아니라 동료 기자가 불렀다고 답변하면 불만을 누그러뜨릴 수 있다.

영향력이 작은 언론사나 파워가 떨어지는 기자라 하더라도 얼마든지 취재원을 곤경에 빠뜨릴 수 있다. 그런 언론의 기사라 해도 관련 기관이나 다른 기자가 늘 보고 있다는 점을 잊지 말아야 한다.

더욱이 인터넷 포털이나 SNS에서는 전통 있는 메이저 언론이든 신생 마이너 언론이든 큰 차이 없이 유통되고 소비된다.

물론 유력 매체들은 특별대우를 받고 싶어 한다. 그러나 다른 기자들이 알지 못하도록 비공개적으로 챙겨줘야 한다.

③ 기자는 언론사를 대표한다

기자는 초년병 시절부터 언론사를 대표해 취재한다는 사실을 끊임없이 주입받기 때문에 나이가 적더라도 하대하거나 만만하게 대하면 안 된다.

설혹 기자가 학교나 지역의 선후배 사이여서 스스럼없이 받아들이더라도 다른 기자들이 있을 때에는 기분이 상하지 않도록 조심해야 한다.

기자와 얼마든지 사적으로 만날 수 있다. 그러나 취재에 관련된 일은 공적 업무란 사실을 잊지 말아야 한다. 이때는 홍보 담당자도 조직을 대표해 기자를 만나는 것이다. 기자와의 친분관계는 큰 도움이 되지만 이를 앞세우면 부작용을 낳기도 한다. 감정에 치우치지 말고 공과 사를 잘 가려야 한다.

때로는 인간적 호소가 통할 때도 있다. 언론계도 사람 사는 사회고 기자도 정에는 약하다. 어려운 지경에 놓였을 때는 솔직하게 털어놓고 인간적으로 도움을 요청하면 기자의 마음을 움직일 수 있다.

④ 늘 기삿거리를 제공하라

기자들의 업무는 취재를 통해 기사를 쓰는 것이다. 접대나 선물보다 기사 아이템에 늘 목말라 한다. 기자들과 친분을 다지려면 좋은 기삿거리를 제공해주는 것이 최고다. 자신이 몸담고 있는 조직뿐만 아니라 경쟁단체나 다른 분야의 기사 아이디어를 줄 수 있으면 더욱 좋다.

기자들에게 기사 아이템을 제공하려면 홍보 담당자가 속한 조직과 관련 분야는 물론 다른 분야의 주요 이슈도 잘 알고 있어야 한다. 정보도 많고 기사 아이디어도 많다면 기자들이 알아서 접근해오기 마련이다.

홍보 담당자가 그럴 역량이 모자란다면 그런 사람과 만나는 자리를 마련하는 것도 방법이다. 자신이 속한 조직이 됐든 관련 분야의 유명인이 됐든 만남을 주선해 인터뷰 기회나 기삿거리를 제공해주면 고마워한다.

⑤ 민첩하게 행동하라

기자들은 늘 마감에 쫓긴다. 급하게 무언가를 물어보려는데 담당자가 전화를 받지 않는다거나 금방 자료를 보내주겠다고 해놓고 일을 더디게 처리하고 짜증을 낸다. 기자들의 요청에는 민첩하게 행동하며 신속히 대응해야 한다. 전화도 늘 받을 수 있도록 하고 통화가 어려우면 문자로도 주고받을 수 있도록 대기 상태를 유지해야 한다.

윗사람이 신속하게 판단을 내려주지 않거나 긴급한 회의가 있다면 그 사정을 지체 없이 기자에게 설명하고 양해를 구해야 한다. 굼뜨게 행동하지 말고 빠릿빠릿하게 보일 수 있도록 하는 것이 필요하다.

⑥ 약속 시간을 어기지 말라

언론인들은 시간을 소중하게 여긴다. 특히 방송인들은 분초를 다투기 때문에 시간을 낭비하게 만드는 사람을 미워한다. 무슨 자료를 언제 보내주겠다고 해 놓고 약속 시간을 어기면 마감시간까지 기사를 쓰지 못할 수도 있고 방송 프로그램이 펑크 날 수도 있다.

처음부터 지키기 어려운 약속은 섣불리 하면 안 된다. 그 약속을 믿었다가 낭패를 볼 수도 있기 때문이다. 사적인 만남이나 약속이라 할지라도 언론인과의 약속은 반드시 지키고 늦지 않도록 주의해야 한다.

그러나 기자는 종종 약속을 어기거나 늦게 온다. 그래도 그들은 업무가 중요하고 바쁘기 때문에 상대방이 이해할 것으로 기대한다.

⑦ 거짓말을 삼가라

곤경에 빠졌을 때 거짓말로 순간의 위기를 모면할 수 있다. 그것은 그때뿐이다. 거짓말이 탄로 나면 믿지 못할 사람으로 영원히 찍힐 수도 있다.

알고도 모른다고 거짓말하는 것보다는 답변을 피하는 게 낫다. 그러나 기자의 질문에 대답하지 않았다고 해서 기사가 나가지 않는 것은 아니다. 기자들에게 노코멘트는 사실을 인정하는 것으로 받아들여질 때가 많다.

전화를 꺼놓거나 자리를 피하면 뭔가 숨기는 것으로 의심을 사게 된다. "수차례 통화를 시도했으나 전화를 받지 않았다"거나 "자리를 피했다"는 식으로 기사에 나가면 더 안 좋은 이미지로 비칠 수 있다. 부정적인 일이 터질 때일수록 적극적으로 취재에 응해 솔직히 털어놓고 협조를 당부하는 게 좋다.

반대로 기자의 말은 믿지 않는 것이 좋다. 기자는 기사를 위해서라면 언제든지 취재원을 배신할 준비가 돼 있다는 점을 염두에 두어야 한다. '오프 더 레코드'(비보도)를 전제하고 얘기했더라도 언제든 깨질 수 있다. 중대한 사안일수록 국민의 알 권리란 이름 아래 윗사람의 지시나 기자의 특종 욕심 때문에 기사화될 가능성이 높다.

⑧ 압력을 넣는다고 느끼지 않도록 하라

담당기자에게 기사를 써 달라거나 빼 달라거나 고쳐 달라고 요청했는데 잘 해결되지 않을 때 고위급 간부를 통하면 효과가 있긴 하다. 그것도 그때뿐이다. 나중에는 역효과를 부르는 경우가 많다.

기자들은 자존심이 세고 자신이 하는 일에 자부심을 갖고 있기 때문에 윗사람을 통해 부탁하는 것을 압력으로 느낄 때가 많다. 담당 데스크나 소속 국장을 통한 부탁은 그래도 낫다. 해당 업무에 직접적인 권한이 있기 때문이다. 다른 분야의 선배나 윗사람을 통한 민원에는 거부감을 드러낸다.

어쩔 수 없이 윗사람을 통하더라도 반드시 담당기자에게 전화를 걸어 누구에게 소개받았다며 정중히 요청해야 한다.

경기는 장기 불황의 터널을 지나고 있는 반면 매체는 폭발적으로 늘어나다 보니 광고 유치 경쟁이 불을 뿜고 있다. 광고 때문에 기사가 들어가거나 빠지기도 하고 기사의 방향이 춤을 추기도 한다.

그러나 노골적으로 광고를 들먹이며 기사를 넣거나 빼달라고 요구하거나 기사 방향을 좌지우지하려고 하면 기자의 자존심을 건드리는 일이 된다.

기자가 광고를 통한 압력이나 청탁으로 느끼지 않도록 신중하고 현명하게 행동해야 한다.

⑨ **지나친 향응이나 섣부른 촌지는 화를 부른다**

기자와 친해지기 위해 접대는 어느 정도 필요하다. 그러나 향응으로 느껴질 만큼 호화로운 식당에서 비싼 음식을 대접한다면 부담스러워하기도 하고 의도를 의심할 수도 있다. 선물이나 골프 접대 등도 마찬가지다.

기자들도 취재원과의 스킨십을 필요로 하기 때문에 식사나 술자리를 마다하지 않고 취재의 연장으로 받아들인다. 그러나 분에 넘치지 않도록 해당 분야 분위기에 맞춰 상식선에서 하는 것이 좋다.

촌지는 삼가야 한다. 아직 일부에서 촌지 관행이 남아 있는 것으로 알려져 있으나 언론사마다 엄격하게 금하고 있기 때문에 섣불리 촌지를 제공하려 했다가 망신살이 뻗칠 수도 있다. 현금에 준하는 백화점 상품권 등도 마찬가지다. 여성 접대부가 나오는 술자리 향응도 피해야 한다.

요즘에는 기자 수가 많아진 데다 기자끼리의 결속력이 약해져 언제 어디서 소문이 흘러나올지 모른다.

더욱이 언론계에는 기자협회, 언론노조 등의 언론인단체와 민주언론시민연합을 비롯한 시민운동단체가 있다. 미디어비평지도 여러 종 존재한다. 만일 이런 단체나 매체의 귀에 들어가면 부도덕한 집단으로 낙인찍히게 된다.

⑩ 기자끼리는 경쟁자지만 동반자이다

기자들은 취재원도 배신하지만 동료 기자와도 속고 속인다. 특종을 위해 동료를 따돌리기도 하고 다른 말로 둘러대기도 한다. 그러나 이들도 의리를 중시하며 기자사회에 일정한 룰이 있다.

노골적으로 동료를 속여 특종을 빼앗거나 다 함께 있는 자리에서 합의한 엠바고를 깬다면 이른바 '왕따'가 된다. 기자끼리는 치열하게 경쟁을 벌이지만 동병상련을 겪으며 끈끈한 동지애를 나누고 있다. 집단적인 자부심도 강하다.

기자끼리 서로 비난하고 다투더라도 홍보 담당자나 취재원은 기자가 있는 자리에서 다른 기자의 흠을 들추거나 비판하는 것은 삼가야 한다. 아무리 홍보 담당자와 친하다 해도 기자끼리는 동료 의식이 있기 때문이다.

기자가 먼저 다른 기자의 흠을 들추거나 욕을 하더라도 적당히 맞장구치는 것에 그치고 앞서나가면 안 된다. "나한테 다른 기자를 욕하는 걸 보면 혹시 나 없는 자리에서는 나를 욕하는 게 아닐까"라는 의심을 살 수 있기 때문이다.

2. 매체별 언론인 응대법과 언론 활용법

① 일간지 기자와는 늘 끈끈한 관계를 유지하라

중앙종합일간지 기자들은 대부분 주요 기관에 고정 출입기자를 두고 있다. 해당 기관 업무에 대한 일반 시민의 여론은 이들이 만든다고 해도 과언이 아니다.

홍보 담당자는 이들과 늘 친숙한 관계를 유지하고 소통해야 기사가 자주 나오게 할 수 있고 엉뚱한 기사가 나오는 것을 막을 수 있다.

경제지와 스포츠지 등도 해당 분야에서는 종합지 못지않은 영향력을 갖고 있고 종합지와 특별한 구분 없이 함께 어울려 지낸다.

종합일간지들은 종교 담당기자를 두고 있다. 여의도순복음교회 관계 재단의 국민일보는 개신교 소식만 취급한다. 통일교 관련의 세계일보는 교리상 모든 종교를 다룬다. 경제지 가운데서는 한국경제만이 꾸준히 종교 기사를 게재하고 있다.

홍보 담당자는 이들과 수시로 연락을 주고받고 만나 친밀도를 유지할 필요가 있다. 종단의 주요 소임자도 이들의 이름과 기사를 기억하며 관심을 표시해주는 것이 좋다. 언제라도 취재 대상이 될 수 있기 때문이다.

사안에 따라 종교 담당기자 말고도 다른 기자를 접촉할 일이 있다. 출판, 학술, 문화재, 여행, 생활 등의 담당기자 명단과 연락처를 확보한 뒤 수시로 연락을 주고받는 것이 좋다. 해당 분야에 어떤 기삿거리가 있는지 미리 연락해 조언을 곁들이면 우호적인 기자로 만들 수 있다.

사건·사고가 터질 때는 사회부의 경찰 출입기자가 기사를 작성하는 것이 보통이다. 소재지 관할 경찰서 기자실의 전화번호도 알아 두어야 한다. 이들은 해당 지역의 NGO도 담당하며 큰 행사가 있을 때는 지원 취재를 나온다.

지방지의 서울 주재기자들은 대부분 본사 소재지에 지역구를 둔 국회의원이나 관련 기업을 취재하는 일에 매달린다. 부산일보와 국제신문 등 규모가 큰 지방지는 서울에도 문화부 기자를 두고 있으나 큰 사안이 아니면 종교 분야를 따로 취재하기는 어렵다.

그래도 널리 홍보할 만한 일이 있으면 지방지에도 서울 주재기자나 본사 문화부 기자에게 보도자료를 보내는 것이 좋다. 지방에서 이벤트를 개최한다면 반드시 해당 지역 신문에도 초청장을 보내야 한다.

② 방송 기자에게 관심 쏟는 것도 잊지 말라

방송 기자들은 신문 기자들과 관심 분야가 다르고 취재 방식과 동선이 달라 신문 기자들과 함께 어울리기 어렵다. 종교 분야에 관해서는 큰 사건이나 대형 이벤트가 있을 때 취재를 오기 때문에 종합일간지 기자들처럼 스킨십을 유지하기가 어렵다.

그러나 일단 지상파방송 뉴스에 실리면 신문보다 파급효과가 훨씬 큰 만큼 수시로 연락을 취해 늘 관심을 품고 있다는 점을 상기시켜야 한다. 소재지 관할 경찰서를 출입하는 사회부 기자에 대해서도 마찬가지다.

보도채널 YTN · 뉴스Y나 종합편성채널 JTBC · MBN · TV조선 · 채널A도 지상파방송사 기자에 준해 관리하면 된다.

③ 기사 가치는 사진과 영상이 좌우한다

뉴스에서 사진이 차지하는 비중은 매우 크다. 기자회견이나 이벤트를 개최할 때는 어떻게 사진이 찍혀 보도될지를 먼저 염두에 두어야 한다. 취재 현장에서도 담당기자만 챙길 것이 아니라 사진 기자에 대한 배려를 아끼지 말라. 이들은 글을 쓰는 기자(흔히 볼펜 기자라고 부른다)와 다른 전문적인 일을 하기 때문에 직업

의식이나 결속력이 남다르다.

사진 기자가 조금만 더 신경을 써서 성의 있게 찍거나 앵글을 다양하게 하면 좋은 사진이 나올 확률이 높고 기사도 훨씬 커질 수 있다.

신문사의 사진 기자들은 청와대나 국회 등 일부를 제외하고는 고정 출입처가 없기 때문에 일이 있을 때마다 나오는 기자가 다르다. 따라서 사진부장이나 고참급 사진 기자를 알아두면 요긴할 때 협조를 받을 수 있다.

사진 기자들은 분야별 담당기자의 요청에 따라 취재를 나가기도 하지만 독자적으로 취재할 때도 많다. 보도 가치가 있을 만한 사진 거리를 포착하면 종교담당 기자를 통하든 사진부에 직접 연락하는 등 제보를 해주면 매우 고마워한다.

방송사의 카메라 기자도 사진 기자와 비슷한 속성을 지니고 있다. 이들은 스틸 사진이 아니라 동영상을 촬영하기 때문에 그에 맞는 취재 여건을 제공해주는 데 신경을 써야 한다.

④ 뉴스통신의 파급효과에 주목하라

뉴스통신에 기사가 나면 여러 매체에 실릴 가능성이 높다. 무료신문과 지방지는 특히 뉴스통신 의존도가 높고 외국 언론이나 해외동포 매체에 보도될 수도 있다. 또 신문이나 방송보다 기사를 먼저 쓰기 때문에 이들의 논조에 영향을 미칠 때도 많다.

중요한 사안이 있을 때는 뉴스통신 기자에게 언제쯤 보도자료가 나가는지 알려 주며 충분한 배경 설명을 해두는 것이 좋다. 신문이나 방송 간에는 경쟁의식이 치열해도 뉴스통신에는 비교적 너그러운 편이다. 뉴스통신이 충실한 기사를 신속하게 올려 주면 자신이 기사 쓸 때 도움이 되기 때문이다.

뉴스통신 가운데서는 연합뉴스가 대표적이다. 연합뉴스 기사는 인터넷이나 모바일에도 서비스되고 있으며 KTX, 인천공항철도, 주요 도로변의 미디어폴, 일부 빌딩과 아파트 엘리베이터 등에서도 볼 수 있다.

⑤ 외신사도 요긴한 홍보 창구다

국내에는 100개에 가까운 외국 언론사가 지국을 두고 있다. AP · 로이터 · AFP · DPA · 신화통신·교도통신 등 뉴스통신사, BBC · ABC · NBC · NHK · CCTV · CNN 등 방송사, 뉴욕타임스 · 워싱턴포스트 · 아사히신문 · 마이니치신문 · 르피가로 등 신문사, 타임 · 뉴스위크 등 주간지 기자들이 서울에 상주한다.

외신 기자들은 '서울외신기자클럽'이란 단체를 만들어 정보를 교환하고 유대를 다진다. 지금은 미국 VOA의 스티브 허먼 기자가 회장이다. 외국 언론에 알리고 싶은 기삿거리가 있으면 외신기자클럽에 연락해 보도자료를 일제히 배포하거나 회원들을 기자회견장 또는 행사에 초청하면 된다.

외신사들은 한국인 기자나 통신원을 고용하거나 한국어를 할 줄 아는 기자를 두고 있어 영문 보도자료를 만들기가 어렵다면 한글 자료를 보내도 된다. 그러나 기자회견이나 주요 이벤트에는 기자가 직접 질문하고 대답을 듣기를 원하기 때문에 통역을 내세우는 것이 좋다.

외신사들은 한국의 불교문화에 관심을 많이 갖고 있으므로 산사 순례나 템플스테이 등에 초대해 체험 기회를 제공하는 것을 적극적으로 검토할 만하다.

⑥ 인터넷 매체를 적절히 활용하라

인터넷 매체도 인터넷 포털에서는 유수 언론사와 큰 차이가 없다. 영향력이 크거나 종교 분야를 자주 다루는 인터넷 매체의 목록을 작성한 뒤 이 가운데 종교에 관심이 높은 기자들의 명단을 따로 관리할 필요가 있다.

인터넷 매체는 속보에 매우 강하다. 특히 인기 검색어가 올라오면 그 단어가 포함된 기사를 순식간에 작성하기도 한다. 한 곳에서 기사를 올리면 비슷한 내용의 기사가 속속 올라온다.

주요 사안이 발생하면 인터넷 포털 뉴스 창을 열어놓고 수시로 체크하며 즉각 대응해야 한다. 확산 속도가 빠른 대신 인터넷의 기술적 특성과 인터넷 매체의 속성상 기사를 수정하는 절차도 매우 간단하고 신속하다.

⑦ 전문지가 해당 분야의 여론을 좌우한다

　일반인의 여론을 좌우하는 것은 주류 신문과 방송이지만 해당 분야에서는 전문지의 영향력이 상당히 크다. 주류 매체에서는 국민적 관심사가 매우 큰 사안이 아니라면 빈번하게 다룰 수 없다. 그러나 전문지는 평소 때도 해당 분야의 기사를 지속적이고도 집중적으로 다룬다.

　기자들의 전문성도 주류 매체의 기자들과는 큰 차이가 난다. 한 분야를 오랫동안 취재하며 관련 사안을 잘 이해하고 있기 때문이다. 때로는 전문가 수준을 뛰어넘는 경우도 많다.

　불교계에는 불교신문, 법보신문, 현대불교, 주간불교, 금강신문, 밀교신문, 한국불교 등의 신문이 있다. 불교신문은 주 2회 발행되고 금강신문과 밀교신문은 격주로 발행된다. 나머지는 거의 주간신문이다.

이밖에 지상파라디오 불교방송(BBS)과 유료방송채널 불교TV(BTN), 인터넷 매체로 불교포커스 등이 있다.

불교계 언론은 종단 소식, 교리 해설, 신행단체 소식, 문화재, 출판 등의 뉴스를 주로 다룬다. 기자들도 대개 불교 신도여서 불교에 우호적인 시각을 갖고 있으나 교계 사정을 잘 아는 만큼 주류 매체가 짚어주지 못하는 날카롭고 매서운 비판을 가하기도 한다.

불교 홍보 담당자는 교계 언론 기자들이 대개 선후배 관계로 얽혀 있고 같은 불자여서 편하게 대하는 경우가 많다. 그러나 이들도 기자라는 자부심이 있고 언론의 역할을 늘 인식하고 있기 때문에 공과 사를 구분하며 정중하게 대해야 한다.

⑧ TV 뉴스 말고도 프로그램은 많다

방송의 뉴스 시간은 제한돼 있다. 여기에 기사가 실리는 것은 쉬운 일이 아니다. 나머지 프로그램은 널려 있다. 또 사람들은 뉴스를 볼 때 긴장을 풀지 않고 보지만 다른 프로그램들은 편하게 보면서 그 안에서 제공하는 각종 정보와 이미지들을 부지불식간에 받아들인다.

경주 남산에 볼 만한 불교 유적이 많다고 뉴스 시간에 아무리 보도해도 KBS 2TV '해피선데이-1박2일'에 한 차례 배경으로 등장하는 것만 못하다. 해남 대흥사에도 '1박2일' 팀이 촬영을 다녀간 뒤 젊은 탐방객이 부쩍 늘어났다.

딱딱한 교양 프로그램보다는 인기 연예인이 등장하는 오락 프로그램이 시청률 면에서 낫고 효과도 높다. 인기 드라마에 배경으로 등장하거나 탤런트의 대사에서 언급된다면 파괴력이 훨씬 크다. 물론 프로그램의 콘셉트에 어긋나거나 드라마의 흐름을 해치지 않아야 하므로 홍보의 취지를 충분히 살리기 어렵다는 한계도 있다.

지상파방송사, 종합편성채널, 관련 유료채널 등의 주요 프로그램 목록을 작성해놓고 사안과 시기에 맞춰 적절하게 홍보한다면 의외로 큰 성과를 거둘 수 있다. 담당 PD나 작가에게 연락하면 이들도 촬영지나 아이템 선정을 놓고 늘 고민하고 있기 때문에 대부분 반색할 가능성이 높다.

드라마 작가, 교양 프로그램 작가 등을 템플스테이에 초대해 불교문화를 체험하게 하는 것도 시도해 볼 만하다.

방송에 한 번 소개되기가 여간 어렵지 않다고 한탄만 하지 말라. 100개가 넘는 TV 채널이 방송되고 있다는 사실을 떠올리면 길은 많이 보일 것이다.

⑨ 라디오는 살아 있다

라디오는 지상파TV보다 훨씬 채널이 많고 방송시간도 길다. 모바일 기기의 보급으로 라디오 청취자가 줄었다고는 하지만 운전 중이나 작업 중에 라디오를 듣는 인구는 아직도 많다. 종합구성 프로그램 등에 소개된다면 짭짤한 효과를 볼 수 있다. 불교와 직접 상관없는 음악 프로그램이라 해도 DJ가 불교계 행사나 소식을 간단하게 언급할 수도 있다.

라디오의 경우에도 주요 프로그램 목록을 작성해 PD나 작가에게 홍보하면 효과를 볼 수 있다. 이들에게도 불교문화 체험 기회를 마련하는 것을 검토해보라.

⑩ 수백 종의 잡지에도 관심을 기울여라

잡지는 신문이나 방송에 비해 영향력은 크지 않지만 수효가 많고 접근하기가 비교적 쉽다. 개별 잡지는 독자 수가 많지 않으나 잡지 기사도 포털에서 검색되기 때문에 속보 효과는 없어도 두고두고 네티즌에게 읽힌다. 시사주간지와 시사월간지, 여성지 등은 아직도 많은 독자를 확보하고 있다.

인터넷 매체와 마찬가지 방법으로 영향력이 크거나 종교 분야를 자주 다루는 잡지의 목록을 작성한 뒤 이 가운데 불교에 관심이 높은 기자나 필자의 명단을 따로 관리할 필요가 있다. 물론 불교계에서 발행되는 잡지는 지속적으로 관리해야 한다.

⑪ 시민기자 · 블로거 · SNS

시민기자나 블로거도 잘 활용하면 주류 매체 못지않은 효과를 거둘 수 있다. 우선 해당 분야에 영향력이 있고 자주 글을 올리는 사람들의 명단을 확보한 뒤 이메일 등으로 보도자료를 제공하며 기사를 부탁하면 된다. 다만 주류 매체 기자들의 기분을 상하지 않도록 별도로 접촉하는 것이 좋다. SNS에 글을 자주 올리는 사람도 챙겨 놓으면 큰 도움이 된다. 많은 팔로워를 둔 명사들을 중심으로 꾸준히 이메일을 보내며 관련 소식을 올려줄 것을 부탁하면 언젠가는 도움이 될 때가 있다.

이제는 굳이 시민기자나 블로거가 아니더라도 시민 누구나 언제 어디서든 사진을 찍어 올리고 글을 써서 남길 수 있기 때문에 모든 사람이 언론인이 될 수 있다는 마음으로 홍보 업무에 임해야 한다.

⑫ 사이비 기자 대응법

사이비 기자가 따로 정해진 것은 아니다. 주류 매체 가운데서도 사이비 행각을 벌이는 이가 있고 군소 매체의 기자들이 더 때 묻지 않고 기자정신에 투철한 경우도 있다.

그러나 경영 여건이 어려운 매체가 월급도 제대로 주지 않은 채 판매나 광고 리베이트, 촌지 등으로 생활할 것을 암묵적으로 강요하는 사례가 많다. 일부 지방지 지역주재 기자의 경우 아직도 기자증을 사고팔기도 한다. 돈을 주고 기자증을 사면 비리를 저지르라고 부추기는 것과 다름없다.

【 사이비 기자 식별법 】

보통 언론사에서는 기자증이라는 것을 발급하지 않는다. 회사 사원임을 증명하는 신분증이 있을 뿐이다. 정부 부처 같은 기관에서 발급하는 것도 출입증이지 기자증이 아니다. 예전에는 방송사들이 KBS나 MBC 로고가 적힌 출입증을 발급했다가 방송사 직원을 사칭한 사례가 발생하자 로고를 없앴다.

경찰이나 지방자치단체에서도 언론사에 '보도'라고 쓰인 카드를 발급하지 않는다. 언론사 사인보드가 적힌 취재차량에 대해 관행적으로 출입 등에 편의를 봐줄 뿐이다. 특별한 행사 때는 주차증이나 출입증을 일시적으로 부착하도록 한다.

그러나 사이비 언론사에 가까울수록 회사 차량에 '보도'라고 큼지막하게 적어놓고 붉은색 사선까지 두 줄로 그어 권위를 과시하려 한다. 사이비 기자들도 일부러 기자수첩의 마크가 잘 보이도록 들고 다닌다. 이들은 한국기자협회 수첩을 선호한다.

일단 차량이나 신분증이나 수첩 등으로 과도하게 기자임을 과시하려 한다면 사이비 기자임을 의심해 볼 만하다. 제호에 검찰, 경찰, 환경 등의 단어가 들어간 곳도 의심스럽다.

이들은 환경 훼손이나 비리를 폭로하겠다며 접근하거나 홍보성 기사를 써주겠다며 매체를 다량 구입하거나 광고를 실을 것을 요구한다. 노골적으로 촌지나 향응을 요구하기도 한다.

【 한 번 요구 들어주면 끝이 없다 】

선선히 이들의 요구를 들어줄 의사를 보이는 것은 삼가야 한다. 요구 조건을 높이거나 지속적으로 요구를 해올 가능성이 높기 때문이다. 때로는 소문을 듣고 또 다른 사이비 기자가 찾아올 수도 있다. 사이비 기자끼리 정보를 주고받기도 한다.

이들에게 꼬투리 잡힐 일을 하지 않는 것이 중요하지만, 설사 꺼림칙한 점이 있다 해도 의연하게 대처해야 한다. 경찰이나 검찰에 신고하는 방법도 검토할 만하다. 홍보를 해주겠다는 제의에도 현혹되면 안 된다. 정상적인 방법으로도 홍보할 기회는 얼마든지 있다.

제6장

―

불교 홍보를 어떻게 할 것인가

1. 종교 홍보는 어떻게 다른가

　홍보도 조직의 목적이나 성격에 따라 방식이 달라진다. 종교의 목적은 인류 구원이다. 헛된 욕망이나 집착에서 벗어나 진리를 깨닫고 참다운 행복을 얻는 것이다. 초자연적인 절대자를 숭배하고 내세를 믿는 경향도 지니고 있다.

　종교단체는 종교의 교리를 많은 사람이 믿고 따르도록 하려고 만들어진 단체다. 널리 알릴 필요가 있다는 점에서 홍보가 절실하지만 사적인 이익을 추구하려는 것이 아니므로 어디까지나 교리에 맞는 방식으로 이뤄져야 한다.

　성경을 읽기 위해 촛대를 훔치지 말라는 경구가 있다. 목적이 수단을 정당화 할 수 없다는 뜻이다. 많은 사람에게 포교나 전도하겠다는 마음이 앞서 뇌물을 제공하거나 폭력을 행사한다면 창교주를 욕보이는 일이다. 교리에 어긋나는 방식을 동원해 홍보하면 일시적으로 효과를 거둘지 몰라도 해당 종교나 조직의 이미지에 먹칠을 하게 돼 장기적으로는 역효과를 낳는다. 종교의 보편적인 가르침대로 해당 종교의 계율에 맞게 신실한 태도로 홍보해야 한다.

　지나치게 경건하면 거리감이 생길 수도 있다. 적절히 기자들의 분위기에 따라 융통성을 발휘하되 기본 정신을 잊지 말라는 것이다.

　많은 사람이 종교에 호감을 지니고 있다. 신비스럽고 심오한 세계를 동경하기도 하고 속세와 다른 분위기에 편안함을 느끼기도 한다. 범인(凡人)과는 다른 길을 걷는 성직자들에게 존경심을 품는 것도 사실이다.

그러나 겉과 속이 다른 종교단체나 성직자의 모습에 실망하기도 하고 환멸을 느끼기도 한다. 입으로는 향기로운 말을 쏟아놓으면서 실제로는 악취를 풍기는 경우가 종종 발견되기 때문이다. 기대가 무너진 것에 대한 배반감이 크기 때문에 종교인의 비윤리적인 행각이 폭로되거나 종교단체 간의 분규가 발생하면 더 심하게 손가락질하고 비난을 퍼붓는다.

성인의 가르침을 따르려고 노력하지만 종교인도 허물 많은 인간이라는 점을 언론도 잘 알고 있다. 그러나 극히 일부에서 벌어진 일을 두고 종교단체 전체를 비난하거나 일반인이 저지른 잘못보다 더 부각시키는 까닭은 의외성과 갈등성을 좇는 언론의 속성 탓이기도 하고 일반적으로 기대보다 실망이 큰 때문이기도 하다.

종교 경전을 읽으면 읽을수록 인간의 본성과 우주의 진리를 꿰뚫는 혜안에 무릎을 칠 때가 많다. 그러나 인간의 상식으로는 도저히 헤아리기 어려운 내용이 적지 않다. 또 종교는 일반인의 눈에 보기에는 황당무계한 신화와 전설을 갖고 있다. 고등종교가 발생한 고대뿐만 아니라 현대에서도 수많은 이적이 생겨나고 있다.

이를 어떻게 기자에게 잘 이해시키느냐가 홍보의 성패를 가른다. 특히 신흥 종교의 경우에는 사이비 종교에 빠진 집단처럼 비치기 십상이다. 그래도 종교 담당기자들은 종교에 대한 이해가 어느 정도 있는 편이다. 사건 담당기자를 만나면 아예 설득하는 것이 불가능할지도 모른다.

2. 불교는 어떻게 홍보해 왔는가

① 1994년 이전에는 청탁과 무마가 주업무?

1994년 이전에는 홍보성 기사 청탁과 부정적 보도 무마가 조계종 홍보의 주업무라는 말이 나올 정도로 제대로 된 홍보 시스템을 갖추지 못했다. 예전에는 불교뿐만 아니라 다른 분야도 그런 경향이 띤 것이 사실이었다.

1994년 이후 이런 모습이 점차 개선되기 시작했다. 언론의 자정 움직임이나 사회 전반의 분위기와도 연관이 있지만 조계종 개혁종단 출범 이후 총무원을 중심으로 비정상적인 관행을 없애려고 노력했다. 이와 함께 조계종 중앙종무기관 조직의 체계화와 종무원들의 전문화가 이뤄지면서 홍보 시스템도 갖춰 나갔다.

이런 노력에도 불구하고 98년과 99년 조계종 분규를 거듭 겪으며 위상이 다시 추락하기도 했다. 그러나 그 뒤로 안정을 찾은 종단이 불교 이미지 고양을 위한 홍보나 대사회적 발언 강화 등에 한층 노력하면서 눈에 띄는 성과를 거둬왔다.

기자에게 보내는 보도자료를 보면 종단 주요 결정이나 법회, 행사 안내가 중심이다. 불교나 종단과 관련된 현안이 대두할 때 배경과 전망 등을 상세히 소개해 불교계와 종단의 입장을 설득하는 보도자료나 시의성에 맞춘 기획성 자료, 다양한 홍보성 기획 행사 등이 부족해 보인다.

비단 총무원 기획실 홍보팀만이 아니라 총무원, 포교원, 교육원, 본·말사, 불교계 관련 기관과 단체 종사자 모두 적극적인 홍보 마인드를 갖춰야 한다. 체계적인 홍보 교육도 필요하고 기획실과 관련 기관·단체를 묶는 연계 시스템도 마련해야 한다.

② 홍보 업무의 전문화가 이뤄지기 힘든 까닭

그러나 조계종에서는 홍보에 몇 가지 약점을 안고 있다. 종교단체가 지닌 근본적인 한계일 수도 있겠지만 성직자와 신도의 구분이 뚜렷한 데다 주요 소임을 모두 스님이 맡고 있다 보니 결정이 빠르지 않고 업무의 전문화를 이루기 어렵다.

스님들은 수행과 포교가 전문이다. 그나마 홍보 업무에 익숙해질 만하면 바뀐다. 운수납자의 기질대로 "자리에 집착할 까닭이 무엇인가, 걸망 지고 떠나면 그만이지"라는 생각을 늘 품고 있어 책임감도 희박하다. 후임자와의 인수인계도 잘 이뤄지지 않는다. 이제는 과감히 종무원에게 홍보 업무의 책임을 맡기고 홍보 전문인력을 투입해야 한다.

③ 부정적 보도에 민감하게 반응

미리 홍보를 잘하는 것도 중요하지만 부정적 보도가 나온 뒤 어떻게 반응하느냐에 따라 후속 보도의 방향이 달라지고 다음에 비슷한 사례가 생길 때 영향을 미치기도 한다.

그런데 대부분 종교계의 반응은 "신성을 훼손했다"거나 "종교를 모독했다"며 집단 항의하는 것이 일반적이어서 오히려 해당 종교의 이미지를 해칠 뿐 아니라 부정적인 후속 보도를 만들어내기도 한다. 당장은 분풀이하는 효과가 있는 게 사실이고 "종교는 함부로 건드리면 골치 아프다"는 인식을 심어 재발을 막는 측면도 있기는 하다.

이런 현상은 사이비 종교 논쟁을 빚는 신흥 종단이나 개신교의 신흥 계파에서 빈번하게 일어나지만 조계종도 예외는 아니다. 여기에는 조선조 숭유억불 정책, 이승만 정권 시절 개신교 우대 정책, 이명박 정부의 종교 편향 논란 등에 따른 피해의식도 깔려 있는 것으로 풀이된다.

최근의 사례로 한나라당 홍보물의 '파계승 탈' 그림, 이명박 서울시장의 '봉헌'발언, 월간중앙 훼불 보도, SBS의 수경사 아동학대 보도, 황우석 교수 논문 조작 사건, CBS의 경인민방 컨소시엄 참여, 신정아-변양균 스캔들과 관련된 각종 보도, 월정사 문화재 보수비 국고 지원 의혹 보도, 지관 총무원장 승용차의 트렁크 검문, KTX 통도사역 명칭 변경 논란, 이명박 대통령의 무릎기도, 국회의 템플스테이 예산 삭감 등에 불교계가 어떤 반응을 보였는지 떠올려 보자.

이 가운데에는 불교의 자존심을 훼손한 사례도 있고, 특정 종교 편향 정책으로 전통문화의 가치를 깎아내리려는 시도도 있으며, 잘못된 보도로 판명난 경우도 있다. 그러나 상당수의 대응방식을 보면 일반인의 눈에 "불교를 무시해 불교계가 뿔났다"는 식으로 비친 적이 많았다.

불교계로서는 당장의 억울함을 참을 수 없고 재발 방지를 위해서라도 단호한 조치를 취해야겠다고 생각했을 것이다. 그러나 집단적으로 신문 절독을 선언하거나 산문에 현수막을 걸고 관계자

출입금지를 선언하는 것 등은 전통 종교이자 대표 종단치고는 성숙하지 못한 태도로 비쳐 부정적 이미지를 증폭시킨 측면을 부인하기 어렵다.

언론 보도가 아니더라도 TV 드라마, 책, 영화, 가요, 비디오 등에 종교의 이미지를 훼손하는 대목이 등장할 때에도 불교는 민감하게 반응하는 경우가 많다. 지나치면 해당 종교를 배타적이고 교조적으로 보이게 하고 오히려 해당 콘텐츠를 더욱 널리 알리게 되는 역효과를 낳는다는 측면도 고려할 필요가 있다.

영화 '달마야 놀자'를 관람한 조계종 총무원장 정대스님이 소감을 묻는 질문에 "상식적으로 기분 나쁠 수 있으나 그것을 뛰어넘는 것이 불교"라고 대답해 호감을 산 것을 기억하도록 하자.

조계종은 내부적으로 문제가 불거질 때 위기 대응에도 대단히 허술한 면모를 보인다. 분규나 비리 의혹이 불거졌을 때는 한시바삐 진상을 조사해 조직 내부를 추스르는 한편 대외적으로는 일관된 목소리를 내야 한다. 그런데 홍보 창구가 단일화 되지 못하거나 유관 부서 간에 통일된 입장으로 정리되지 못하는 소통 부재 등의 문제가 있어 왔다.

④ 다른 불교 종단은 어떻게 하고 있는가

태고종, 천태종, 진각종, 관음종 등은 조계종과 교세 차이가 나고 홍보 콘텐츠도 부족한 편이어서 적극적인 홍보 활동을 펼치지 못하고 있다. 종단 대표가 교체될 때나 연말연시에 기자간담회를 개최하고 있으나 기사에는 덜 반영되는 편이다.

태고종은 영산재를 비롯해 무형문화재 보유자 스님이 많아 문화예술 분야에 기사화되는 경우가 많다. 그러나 사찰마다 대부분 독립적이어서 조직적인 홍보 기능이 약하다.

오히려 천태종과 진각종이 태고종보다 조직적인 홍보 활동을 펼치고 있다. 기자간담회나 기자 초청 이벤트도 자주 벌인다.

관음종 이하의 군소 종단은 불교종단협의회 차원에서 벌이는 행사 때가 아니면 일반 언론에 기사화되기가 쉽지 않다.

3. 불교는 언론에 어떻게 다뤄지는가

중앙종합일간지의 경우 불교계 소식은 다양한 형태로 소개되고 있다. 조계종과 관련된 불교계 소식은 주로 종합일간지 문화면에 매주 한 차례씩 게재되나 기사의 성격에 따라 사회면, 인물면, 정치면, 기획면 등에 소개되고 있다.

기사의 내용은 종단의 인사나 정책, 종단 및 주요 사찰 행사, 수행 및 신행활동, 스님 법문, 화제, 인물, 문화재, 사건 등 다양하다. 신문마다 특성이 있기는 하지만 종단 내부의 현안이나 불교 신앙과 관련된 소식보다는 사회적인 이슈나 문화적인 경향에 치중하는 흐름을 보이고 있다.

이는 조계종의 사정과도 무관하지 않은 것으로 풀이된다. 98년, 99년 분규 이후 종단이 비교적 안정되면서 종권 다툼이나 문중·계파 간 알력 등에 쏠린 관심이 줄어든 대신 환경, 명상, 전통문화 등에 관한 관심이 부쩍 늘어났다.

　사회문화적으로도 제주 올레길에서 시작된 걷기 열풍, 전통적인 조리법을 따르려는 슬로푸드(slow food) 운동, 단순함을 추구하는 미니멀리즘(minimalism) 유행 등과도 맞아 떨어졌다.

　구체적으로는 사찰 수련회, 템플스테이, 동안거·하안거 결제·해제, 고승 법어·행장·인터뷰, 사회복지, 이웃돕기, 북한 돕기, 이색포교 현장, 환경운동, 절 기행, 사찰 건축, 사찰 음식, 불교 문화재, 산사음악회, 예술 등 이색활동을 펼치는 스님 등이 주로 지면에 등장한다. 특히 종교간 대화나 화합에 관한 이야기는 기자들이 즐겨 찾는 단골 소재다.

　신문의 종교 담당기자들은 같은 날 종교 지면에 불교, 개신교, 천주교, 원불교를 비롯한 기타 종교 등의 뉴스를 최대한 안배하려고 애를 쓴다. 이번 주에 불교를 머리기사로 다뤘다면 다음 주에는 개신교나 천주교에서 크게 소개할 만한 거리를 찾는다.

　그러나 대개는 불교계 기사가 항상 많아 고민한다. 불교는 종교이기도 하지만 우리 민족의 전통문화이기도 하다. 사찰의 템플스테이에는 무종교인이나 이웃종교인도 참여하지만 개신교 기도원이나 교회 수련회에는 같은 교단의 다른 교회 신도마저도 참석하지 않으니 기사 가치가 적다고 여긴다.

　지상파TV는 고정적인 종교 코너가 없어 특별히 관심 있는 일이 일어날 때만 뉴스 시간에 종교 소식을 다룬다. 부처님오신날 연등축제나 법요식과 같은 큰 행사, 고승의 입적, 사건 사고 등이 아니면 좀처럼 기사화되지 않는다.

　대신에 보도국이 아닌 시사교양국에서 불교문화를 다큐멘터리 형식으로 소개하거나 불교계의 문제점을 파헤치는 탐사 보도 프로그램을 만들고 있다.

4. 불교 홍보 콘텐츠를 어떻게 개발할 것인가

불교가 지닌 홍보 콘텐츠 잠재력은 무궁무진하다. 불교는 삼국시대에 우리나라에 전래된 이래 1,600여 년간 민족과 함께 해왔다. 단순한 신앙이 아니라 우리의 전통문화이자 역사유산이자 생활양식이자 민족철학이다. 더욱이 중동에서 발생한 유일신 종교와 달리 배타성도 적어 무종교인은 물론 이웃종교인까지도 큰 거부감 없이 불교를 접하고 있다.

국보의 56.6%, 보물의 65.3%가 불교문화재이고 유명 관광지마다 유서 깊은 전통사찰이 들어서 있는 것은 불교계의 큰 자산이다. 주 5일 근무제가 정착되면서 여가시간이 늘어났다. 등산이 붐을 이루고 있고 문화재 답사가 인기를 끌고 있다. 등산객과 답사객을 사찰 순례객으로 만들 좋은 기회다.

서구의 철학과 과학을 기반으로 발전해 온 현대사회가 속도주의, 물량주의, 경쟁주의 등으로 치달으면서 환경과 건강 문제, 공동체 파괴, 소외 등 여러 가지 부작용을 빚어내자 불교적 세계관과 생활방식이 대안으로 떠오르고 있다.

현대과학이 진보할수록 불교의 원리가 탁월한 과학성을 담고 있다는 사실이 입증되고 있다. 연기설(緣起說)이나 인드라망이 가이아 이론이나 카오스 이론을 설명한 것이다.

　홍보 담당자는 종단만 바라볼 것이 아니라 시야를 불교 전체, 더 나아가 불교와 관련된 생활과 문화 전반으로 넓힐 필요가 있다. 현대 사회의 흐름이나 문화의 사조는 불교와 밀접한 관련을 맺고 있다. 명상, 참선, 108배, 슬로푸드, 채식주의, 젠 패션, 미니멀리즘, 뉴에이지 음악, 불교식 장묘문화, 템플스테이, 걷기, 문화유산 답사, 유기농, 생태주의 등이 모두 불교 정신과 맥을 함께 한다.

　불교계는 단순히 종단 소식이나 행사 등을 종교면에 실리도록 하는 것에 그치지 말고 현대인의 니즈(needs)와 사회의 흐름을 정확히 파악해 그에 맞는 홍보 콘텐츠를 제공함으로써 불교적 세계관이 사회 전반에 퍼져나갈 수 있도록 해야 한다.

　종합일간지의 출판, 학술, 문화재, 여행 등의 분야 기자뿐만 아니라 매체도 다변화하고 분야의 지평도 넓히는 것이 바람직하다. 과학, 농업, 환경, 건강, 식품, 패션, 음악, 미술, 요리 등 전문지 기자나 관련 프로그램 작가나 칼럼니스트 등도 활발히 접촉할 필요가 있다.

　홍보 담당자의 아이디어나 네트워크만으로는 한계가 있다. 조계종이나 불교계를 대상으로 기사 아이템, 방송 프로그램 소재, 이벤트 아이디어 등 홍보 콘텐츠를 공모하는 것도 시도할 만하다.

　조계종 중앙종무기관 종무원, 관련 기관이나 신행단체 직원, 불교계 인사 등을 대상으로 홍보위원회를 구성한 뒤 비상임 홍보위원 직함을 주어 활동하게 하는 것도 검토할 만하다. 이 경우 창구 일원화 원칙을 훼손하지 않도록 구체적인 지침을 주고 역할을 제한할 필요가 있다.

5. 사찰 홍보는 어떻게 할 것인가

사찰(절)은 불교와 종단의 얼굴이자 중생을 만나는 최일선 창구이다. 처음 절에 들렀던 기억이 평생 불교에 대한 이미지를 좌우하는 사례가 많다. 절집의 분위기나 그곳에서 만난 스님과의 대화가 동기가 돼 불자가 되기도 하고, 절에서 겪은 불쾌한 체험 때문에 불교를 멀리하기도 한다.

절은 불제자들이 함께 모여 수행한 곳에서 비롯됐다. 나중에 의식과 행사, 예불과 기도, 전법과 포교를 위한 공간으로 확장됐다. 요즘은 문화 체험, 문화유산 답사, 관광 등의 기능도 추가됐다. 출가자나 재가 신도만 상대하는 게 아니라 답사객, 관광객, 등산객 등을 모두 상대해야 한다.

절의 등급이나 자격을 일컫는 사격(寺格)을 비롯해 규모, 연혁, 위치, 지명도 등에 따라 차이가 많기는 하지만 대부분 단위 사찰에서는 전문적인 홍보 요원을 두기 어렵다. 그러나 주지를 비롯한 모든 산중 식구들이 홍보의 기본 개념과 원칙을 숙지하고 있어야 한다.

"우리 절에서는 홍보가 필요없다"거나 "바쁜 데 일일이 그런 것까지 신경 쓸 틈이 없다"거나 "우리 절에서 무슨 기삿거리가 있나" 등으로 생각해서는 안 된다. 절의 홍보가 잘되야 종단, 나아가 불교 전체의 홍보가 성공을 거둘 수 있다.

사찰의 시간표와 달력은 정해져 있다. 새벽·사시(巳時)·저녁 예불, 정기 법회, 부처님오신날 행사, 각종 재일(齋日), 방생법회, 수능 특별기도, 동지 행사, 동안거·하안거 입제·결제, 템플스테이 등이 하루, 매달, 매년 꽉 짜인 대로 돌아가다 보니 별도의 이벤트를 벌일 여유가 없다. 빠듯한 재정에 인력과 비용을 늘리는 것도 부담스럽다.

그러나 비슷한 여건에서도 재적 신도나 순례객이나 관광객의 호응을 얻고 언론의 관심을 불러일으키는 행사를 요령 있게 개최하는 절도 적지 않다. 더욱이 기자가 취재를 요청했는데도 귀찮다는 태도를 보이거나 형식적으로 응대하면 모처럼 찾아온 기회를 발로 차버리는 일이 될 뿐 아니라 앞으로 홍보를 하려 해도 언론의 협조를 얻기 어려워진다.

비단 유력 매체의 기자가 아니더라도 요즘처럼 매체가 다양화되고 블로그나 페이스북 등이 발달한 상황에서는 절을 찾는 모든 사람을 언론으로 여기고 응대할 필요가 있다.

① 창의적이고 개성 있는 이벤트를 기획하라

월정사 단기출가, 실상사 귀농학교, 미황사 괘불재, 청량사 산사음악회, 서산 부석사 한문학당 등은 여러 차례 언론을 타면서 유명해졌다. 시의성에 맞고 지역과 절의 성격에 부합하는 창의적인 행사를 기획하면 절의 이미지와 지명도를 높일 수 있다.

다른 절의 이름난 행사를 따라할 수도 있지만 아류는 기삿거리가 안 된다. 차용은 하되 절의 개성을 가미해 새롭게 보이도록 만들어야 한다. 새해를 맞아 소원을 적은 쪽지를 나무에 거는 행사를 벌이더라도 아이디어를 짜내 특색 있게 꾸미려는 자세가 필요하다.

② 절의 일상도 훌륭한 기삿거리다

창의적인 것만 기삿거리가 되는 것은 아니다. 절마다 하는 행사라 하더라도 홍보 포인트를 잘 맞춰 접근하면 톡톡히 성과를 거둘 수 있다.

경판을 머리에 이고 햇빛에 말리는 정대불사, 승복과 가사를 짓는 가사불사, 김장 울력 등도 충분히 기삿거리가 된다. 절에 사는 사람이나 절을 자주 찾는 사람은 흔히 보는 광경이어도 일반인에게는 신기하고 새롭게 비칠 수 있기 때문이다.

여기에 은해사처럼 북한 스님들에게 승복을 보내기 위해 가사불사를 벌인다든가 인근의 목사·신부·교무(원불교) 등과 지역 유명 인사를 초청해 함께 김치를 담근다든가 동지 팥죽을 독거노인들에게 나눠준다면 금상첨화다.

③ 지역 주민과 호흡하는 복합문화공간으로 꾸며라

지역 주민은 포교 대상일 뿐 아니라 훌륭한 홍보 요원이다. 신도는 물론 이웃종교 신자나 무종교인이라 하더라도 절에 관심을 보일 수 있도록 지역 주민과 호흡하는 행사를 기획해야 한다.

음악회, 전시회, 영화 상영, 명사 특강 등을 기획해 지역 주민의 참여 폭을 넓혀야 한다. 해당 분야를 잘 아는 사람도 없고 비용도 많이 들 것이라고 지레짐작할 필요는 없다. 종단이나 다른 절의 도움을 받을 수도 있고 아이디어만 잘 잡으면 큰돈이 들지도 않는다.

신도만을 위한 행사가 아니라 지역 주민 전체를 위한 행사를 벌여야 언론이 더욱 관심을 기울인다. 절은 그 자체로도 전통 건축, 조각, 회화, 공예 등을 담고 있는 훌륭한 문화 공간이긴 하지만 끊임없이 새로운 콘텐츠를 입혀야 사람의 발길을 끌어들일 수 있다.

④ 불우이웃을 보듬어라

　장애인, 독거노인, 고아, 소년소녀 가장, 극빈자 등은 함께 살아가야 할 이웃이다. 동체대비의 정신으로 이들을 보듬어야 하는 것은 홍보 이전에 불자로서 마땅히 해야 할 일이다.

　이들을 위한 행사를 자주 펼치고 절의 각종 행사에 이들을 적극적으로 참여시켜야 한다. 그러면 홍보 효과도 높아진다. 거창한 행사가 아니라도 좋다. 신도의 안타까운 사연, 훈훈한 미담 등을 적극적으로 발굴하고 전파해야 한다.

　언론 홍보를 위해 불우이웃을 이용하려는 것은 온당치 못한 일이지만 이들을 도와 절의 이미지가 높아지고 이를 계기로 불우이웃돕기가 확산된다면 좋은 일 아닌가.

⑤ 이웃종교와 소통하라

　이웃종교와 공동 행사를 펼치면 언론이 깊은 관심을 보인다. 화계사와 인근 한신대가 부처님오신날과 성탄절에 서로 축하 현수막을 내거는 일은 이제 다른 곳으로도 널리 퍼졌다. 각기 다른 복장의 성직자들이 모여 펼치는 월정사 족구대회는 전국지에서도 여러 차례 대서특필됐다.

이웃종교와 화합하며 우의를 다지는 것은 홍보를 위해서가 아니더라도 종교간 평화와 지역 사회의 화합을 위해 필요한 일이다. 조계종 사찰과 다른 불교 종단이 체육행사나 이웃돕기를 함께 펼치는 것도 시도해볼 만한 이벤트다.

⑥ 이야기를 만들고 친절한 설명을 곁들여라

상당수의 절이 창건 설화나 고승의 일화를 담고 있다. 그러나 이를 제대로 활용하지 못하는 곳이 많다. 절 안내판이나 팸플릿에도 어려운 말을 잔뜩 써 놓아 대부분이 그냥 지나치고 만다. 그래서 많은 이가 "절은 다 거기서 거기"라고 여긴다. 알기 쉽고 재미있게 써 놓아 두고두고 기억할 수 있게 만들어야 한다. 기억에 남으면 다른 사람에게도 입소문을 내게 된다.

비록 내세울 만한 것이 없더라도 최근 이곳에 주석하신 스님의 이야기, 신도와 얽힌 일화, 전각의 내력, 탱화나 벽화가 지닌 뜻 등 얼마든지 이야깃거리를 만들어낼 수 있다.

전각의 명칭과 유래, 불보살의 명호, 현판 글씨와 주련의 글귀, 십우도나 팔상도 등의 의미, 탑파의 양식, 나무의 생태 등에 대한 설명을 붙여 놓는 것도 좋다. 관광객뿐 아니라 순례객이나 참배객에게도 큰 도움을 준다.

전담 해설사를 둔다면 좋고, 여력이 없더라도 찾아오는 사람들에게 친절하게 설명을 해주려는 자세가 필요하다. 그러려면 우선 절마다 스토리텔링을 개발하고 해설할 준비를 갖춰야 한다.

⑦ 홈페이지를 잘 꾸며라

기자뿐 아니라 상당수 관광객이나 등산객도 목적지 인근에 절이 있으면 한번쯤 들러볼까 생각하며 인터넷을 검색하기 마련이다. 그러나 사이트가 없거나 부실하면 그냥 지나치게 된다. 사이트 구축과 운영에 비용과 노력이 드는 것은 사실이지만 종단의 협조를 얻거나 신도의 도움을 얻어서라도 사이트를 충실하게 운영할 필요가 있다.

⑧ 기자들을 냉대하지 말라

기자를 비롯한 언론 관계자들이 취재 협조를 부탁하거나 문의해오면 친절하게 대해야 한다. 유력 언론에 소개되면 거액을 들인 이벤트 못지않게 홍보 효과를 거둘 수 있다. 반대로 부정적 보도 하나가 오랫동안 공을 들인 포교 노력을 물거품으로 만들 수도 있다.

기자라고 해서 굳이 환대할 필요는 없지만 호의적 보도가 나올 수 있도록 최대한 협조할 필요가 있다. 사찰에 취재 협조를 부탁했다가 반응이 시원치 않으면 두고두고 악영향을 미칠 수 있기 때문이다.

영화, 드라마, 오락 프로그램 등의 요청에도 적극적으로 응할 필요가 있다. 수행 공간이나 기도처로서는 시끄럽고 번거로운 일일 수도 있지만 얻는 것이 훨씬 많다.

비단 기자가 아니더라도 답사객들이 블로그나 카페에 탐방기를 남기는 경우가 많다. 이들이 좋은 인상을 받을 수 있도록 친절하고 성의 있게 대해야 한다.

6. 이웃종교를 어떻게 배려할 것인가

우리나라는 보기 드문 다종교 사회다. 동서양의 거의 모든 종교에다 토착 신앙과 신흥 종교까지 종교의 백화점을 이루고 있다. 갈등이 빈번하게 일어나지만 전쟁이나 폭탄테러까지 서슴지 않는 나라에 비하면 비교적 평화로운 공존을 유지하고 있는 셈이다.

언론의 큰 관심사 가운데 하나가 종교 간의 갈등이다. 이념 대립, 지역 갈등, 빈부 격차, 세대 단절로 몸살을 앓고 있는 처지에서 종교마저 국민 화합과 사회 통합의 걸림돌로 작용한다면 크게 우려스러운 일이기 때문이다. 따라서 종교 간 대화나 화합이 크게 기사화되는 사례가 많다.

종교단체는 언론을 상대로 홍보 활동을 벌이는 과정에서 이웃종교와의 관계를 세심하게 배려해야 한다. 신앙의 속성상 도그마의 경향을 띠는 것은 사실이지만 배타적으로 비치지 않도록 하는 것이 필요하다. 종교 담당기자 가운데는 다른 종교의 신도도 있고 무종교인도 있다는 점을 잊지 말아야 한다.

더욱이 불교는 상생(相生)의 정신과 원융회통(圓融會通)의 전통을 신봉한다. 불교단체가 편협한 모습으로 비쳐지지 않도록 보도자료나 기자회견에서 이웃종교를 공개적으로 비난하거나 종교 화합을 저해하는 내용을 피해야 한다.

이웃종교를 언급할 때는 고유의 용어를 잘 가려 써야 한다. 하느님(천주교)인지 하나님(개신교)인지, 설교(개신교)인지 강론(천주교)인지 헷갈리면 당장 항의를 받는다. 삼소회(三笑會)를 두고 세 종교의 성직자라고 표현해서도 안 된다. 천주교에서 수녀는 미사를 집전할 권한이 없는 수도자이다. '가톨릭(catholic)'도 영어 발음대로 '카톨릭'이라고 표기하지 않도록 주의해야 한다.

죽음을 뜻하는 용어도 불교의 입적(入寂)이나 열반(涅槃)처럼 개신교의 소천(召天), 천주교의 선종(善終), 증산교 계통의 화천(化天), 통일교의 성화(聖和) 등으로 다양하다. 교세를 펴는 일을 두고도 선교(宣敎), 전도(傳道), 포교(布敎), 포덕(布德) 등으로 다르게 표현한다.

종교간 대화나 화합과 관련된 이벤트를 자주 벌이는 것도 좋다. 한국종교지도자협의회, 한국종교인평화회의(KCRP), 삼소회 등의 모임뿐만 아니라 불교 지도자가 앞장서서 이웃종교 지도자들을 자주 만나고 이웃종교 복지시설을 방문하거나 운동 경기를 펼치면 호평을 받을 수 있다.

7. 이웃종교에서는 어떻게 하고 있는가

① 개신교

개신교는 교파가 장로교, 감리교, 침례교, 성결교, 기독교하나님의 성회, 루터교, 구세군 등으로 매우 다양하고 고르게 세력이 분포한다. 그나마 교파 내에서도 갈라진 곳이 적지 않다. 불교도 종단이 수십 개 되기는 하지만 조계종이 대표하고 있는 데다 어느 정도 교세를 형성한 종단이 몇 개 되지 않는다.

개신교는 개교회주의(個敎會主義) 경향이 두드러져 교단 총회의 권한이 작다. 또 만인사제설(萬人司祭說)에 입각해 교파 대표나 원로 목사라 해도 자신이 속한 교회 이외에는 영향력을 행사하기 어렵다. 여러 교파를 아우르는 단체도 한국기독교총연합회와 한국기독교교회협의회(NCCK)로 나뉘어 있다. 이곳의 대표도 실권이 없는 편이다.

부활절 연합예배 등 일부를 제외하면 대부분 교파마다 교회마다 따로 행사를 펼치기 때문에 홍보 활동이 활발하지 않고 교세에 비해 기사에 반영되는 비율도 낮은 편이다. 성직자 수효가 많고 군소 교파나 교회가 난립해 다툼도 잦고 교회 세습, 횡령, 성추문, 돌출 발언 등도 빈번해 부정적 보도가 나올 때가 많다. 배타적 경향이나 독선적 태도로 반감을 사는 일도 많다. 팝스타 마이클 잭슨의 공연, 영화 '그리스도 최후의 유혹'과 '다빈치 코드'의 상영을 막으려다가 오히려 비난을 자초한 일도 있었다.

그래도 인적 자원이 풍부하고 언론사마다 신도 모임이 활발해 홍보에 강점을 보이는 적이 많다. 언론사 내 신도를 통해 기사를 부탁하는 일도 자주 이뤄진다. 단일 교회인데도 웬만한 교단보다 활발하게 봉사와 나눔 활동을 펼치거나 신선한 이벤트를 펼쳐 언론의 관심을 끌기도 한다. 개신교 관련 NGO들도 활발하게 활동하고 있다.

언론에 관한 관심도 높다. 2001년 범교단 차원에서 창립된 한국교회언론회는 2004년과 2007년 10개 중앙일간지를 대상으로 종교 보도 건수와 기사가 지면에서 차지하는 넓이를 분석한 자료를 발표하며 적극적인 홍보를 촉구하기도 했다.

2007년의 경우 기사 넓이로는 개신교 36.0%, 불교 34.0%, 천주교 10.3% 순이었고 기사 건수로는 개신교 34.8%, 불교 28.9%, 천주교 12.3%의 차례였다.

개신교는 교단연합기관인 CBS와 기독교TV(CTS), 침례교 계통의 극동방송(FEBC)과 아세아방송, 여의도순복음교회의 FGTV, 온누리교회의 CGN, 만민중앙성결교회의 GCN 등 다수의 지상파라디오와 유료방송 PP를 운영하고 있으며 다양한 신문과 잡지 등을 발행하고 있다.

한기총과 NCCK는 홍보 담당 목사와 실무자를 두고 있다. 기자간담회를 열기도 하고 보도자료도 비교적 자주 배포한다. 대한기독교서회 등 연합기관도 꾸준한 홍보 활동을 펼치고 있다. 각각의 교파나 교회는 교세 등에 따라 홍보 활동에 편차가 크다.

② 천주교

천주교는 교황의 수위권(首位權)이 보장돼 있고 모든 성직자와 수도자들이 교황과 주교에게 순명(順命)을 맹세한다. 따라서 조직이 일사불란해 잡음이 거의 나지 않는다. 홍보 활동에도 일관성을 기한다.

기자들은 오보의 가능성이 적어 가톨릭계 관계자나 언론을 신뢰하는 편이다. 평화신문이나 가톨릭신문에 난 기사는 확인 절차 없이 그대로 베껴도 문제가 없다는 말을 기자끼리 할 정도다.

반면에 주교회의나 교구의 이름으로 발표하기 전까지는 취재가 잘 이뤄지지 않아 답답해한다. 심지어 바티칸의 가톨릭계 뉴스통신에 보도된 내용인데도 담당신부가 공식 번역문을 결재하지 않았다고 기자에게 확인해 주지 않는 일도 있다.

특별한 사례를 제외하고는 성직자들은 주교의 허락 없이 언론에 나서지 않으려고 한다. 한 신문은 한때 3대 종교 성직자의 봉사활동을 시리즈로 연재하다가 신부들이 비협조적이어서 곤란을 겪기도 했다. 정기적으로 인사이동이 있어 담당기자와 지속적으로 관계를 유지하기도 어렵다.

홍보에는 소극적이지만 언론 대책은 활발한 편이다. 1967년 일찌감치 한국천주교주교회의 산하에 매스컴위원회를 설립했고 한국가톨릭신문출판협회(1977년), 한국가톨릭언론인협의회(2000년), 한국가톨릭커뮤니케이션협회(2002년)를 두고 있다. 신문출판협회와 커뮤니케이션협회는 로마에 본부를 둔 국제조직으로 대륙별, 국가별, 교구별 조직을 갖추고 있다.

공식 홍보는 주교회의 홍보국 미디어팀이 맡고 교구별로 홍보담당신부와 실무자를 두고 있다. 베네딕도 수도회나 까리타스 수녀회 등도 독자적으로 홍보에 나선다.

③ 기타 종교

나머지 종교 가운데서는 원불교의 홍보가 두드러진다. 신흥 종교에 속하는데도 일찍부터 교육과 봉사에 적극적으로 나선 데다 깨끗하고 성실한 이미지로 호감을 사고 있다. 박청수 교무와 같은 스타급 성직자를 활용한 것도 도움이 됐다.

원불교는 창교일인 대각개교절(大覺開敎節·4월 28일)에 전남 영광의 창교주 성지와 익산의 본부에 기자들을 초청해 창교주 생가와 복지시설 등을 둘러보게 한 뒤 최고지도자인 종법사 기자회견을 마련한다. 교단 대표인 교정원장과의 간담회도 정기적으로 개최한다.

천도교는 창교주 최제우가 동학을 창시한 천일(天日), 2대 교주 최시형에게 도통(道統)을 물려준 지일(地日), 3대 교주 손병희가 이어받은 인일(人日) 등 기념일에 행사를 개최하고 보도자료를 보내고 있다.

성균관의 대표적인 기사로는 공자를 비롯한 유교 성현들에게 봄가을로 제사를 올리는 석전(釋奠)을 들 수 있다. 대성전 뜰에서 고유의 예법대로 펼치는 행사여서 꼬박꼬박 신문에 사진이 실린다. 성균관은 유교적 전통과 관련된 사회적 이슈에 관해 성명을 내기도 한다.

그러나 천도교나 성균관이나 교세가 크지 않고 홍보 전담 인력도 없어 종교 지도자들이 한꺼번에 모이는 일이 아니면 신문 지면에 나는 일이 드물다.

증산교는 유료방송 PP 상생방송(STB)을 운영하며 꾸준한 홍보 활동을 펼치고 있다. 대순진리회는 99년 분규를 겪은 뒤 여러 파로 쪼개지고 교세가 급격히 약화됐다.

이밖에도 통일교, 정교회, 말일성도그리스도교회(모르몬), 여호와의 증인, 한국SGI(창가학회), 한국이슬람중앙성회 등이 홍보에 나서고 있다.

제7장

—

언론 홍보를 실제로 어떻게 하나

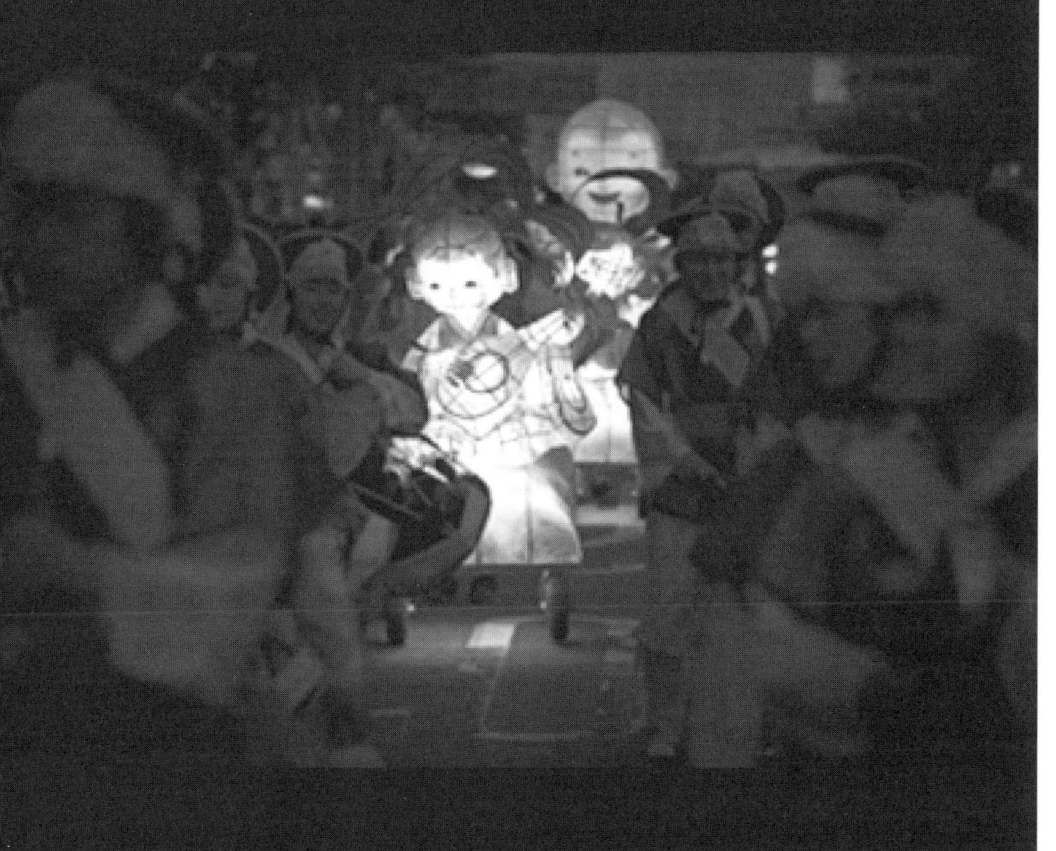

1. 홍보 기획은 어떻게 하나

홍보에는 기획이 매우 중요하다. 언론과 우호적인 관계를 만들어 나감으로써 일반인에게 좋은 이미지를 형성하고, 언론에 필요한 기삿거리를 제공함으로써 원하는 방향으로 기사가 나도록 하기 위해서는 사전 준비가 필요하다.

더욱이 한두 차례 홍보하고 끝낼 것이 아니라면 중장기적인 목표를 세우고 그에 따른 실행 계획을 세워 지속적으로 추진해야 한다.

① **구체적인 목표를 세워라**

어느 조직·단체나 설립 취지와 목표가 있다. 그에 따라 중장기적인 홍보 목표를 세우는 것은 대단히 중요하다. 목표가 뚜렷해야 실천 의지가 높아지고 실행 계획을 세우기도 쉬운 법이다.

목표는 구체적일수록 좋다. 중앙종무기관이든 사찰이든 신행단체든 기사 게재나 방송 횟수, 탐방객 숫자 등의 계획을 세워 그에 따른 홍보 실천 방안을 마련하는 것이 바람직하다.

또한, 국민에게 어떤 모습으로 비쳐지기를 바라는지 이미지를 그려볼 필요도 있다. 친근함, 깨끗함, 마음의 휴식처, 기도 도량, 역사와 전설이 깃든 곳, 인간과 자연이 하나 되는 곳, ○○ 스님의 자취가 남아 있는 절, 참선의 본산, 어려운 이웃과 함께 하는 단체 등의 구체적 이미지를 정해 홍보 활동을 펼치는 것이다.

이미지는 있는 그대로의 모습이 아니다. 그러나 현실과 너무 동떨어진 이미지를 주입하려 하면 실패하기 마련이다. 조작이 아닌 연출을 통해 이미지를 만들어 나가야 한다. 쉽게 이미지를 떠올릴 수 있어야 기자들은 뉴스 가치가 있다고 여기고 일반인의 기억에도 오래 남는다.

② 홍보 전담 조직이나 인력을 정하라

조직의 규모에 따라 별도의 홍보 전담 조직이나 인력을 두기 어려운 곳이 많다. 그러나 다른 업무를 겸하더라도 어떤 조직이나 어떤 사람이 홍보를 맡고 있는지는 명확히 해야 한다. 조직 구성원 모두가 홍보 마인드를 갖추고 필요할 때면 모두 홍보 요원으로 나서야 하지만 역할이 분명해야 책임감을 갖게 되고 일상업무 중에도 늘 홍보 아이디어를 구상하게 된다. 또 언론사가 취재나 섭외에 나섰을 때 홍보 담당이 따로 없다는 말을 들으면 그 조직에 대한 신뢰와 애정이 급격히 떨어진다. 조직의 대표나 조직 전체가 홍보 마인드가 없다고 판단하기 때문이다.

일단 홍보 담당자가 정해졌으면 자주 바꾸지 않는 것이 좋다. 그래야만 중장기 계획을 짜서 실천할 수 있으며 언론인과의 네트워크를 형성해나갈 수 있다. 취재할 때마다 홍보 담당자가 바뀐다면 기자들은 짜증을 내기 마련이다.

③ 담당기자 명단과 연락처를 확보하라

홍보를 하려는 대상 언론사와 담당기자의 명단을 미리 파악한 뒤 휴대전화와 이메일 주소 등 연락처를 확보해 놓아야 한다. 조계종 출입기자의 명단과 연락처는 총무원 기획실에 문의하면 된다. 그러나 출판, 문화재, 여행 담당기자나 사진·카메라 기자, PD·작가 등의 연락처는 총무원에서도 알기 어렵다.

총무원 기획실에 알아 달라고 부탁할 수도 있고 종단 출입기자에게 물어볼 수도 있지만 인터넷을 검색하면 담당기자 이름과 이메일 정도는 쉽게 알아볼 수 있다. 특히 홍보 담당자가 기자에게 이메일 주소를 물어 보면 대개는 귀찮아하면서 홍보 담당자의 센스를 의심한다. 기사 맨 마지막에 이메일 주소가 붙어 있기 때문이다.

회사로 전화를 걸어 기자의 휴대전화 번호를 물어보면 회사 방침상 알려 주지 않는 경우가 많다. 귀찮은 전화이거나 협박 전화일 수도 있기 때문이다. 그렇다 해도 해당 부서에 신분과 용건을 밝히고 정중히 요청하면 대개는 선선히 알려준다. 그래도 통화자의 신분을 의심하고 알려주지 않으려 하면 자신의 사무실 전화번호를 가르쳐준 뒤 전화를 걸어달라고 부탁하는 방법도 있다. 이메일로 해당 기자에게 직접 물어 보거나 종단 출입기자를 통해 알아 볼 수도 있다.

홍보대행사를 통하는 방법도 있다. 외국계 회사, IT업계, 영화사 등은 홍보 전문회사를 활용하고 있다. 출판계에서는 여산통신이라는 보도자료 릴리스 대행사를 애용한다. 유독 책은 이메일로 보낼 수 없고 직접 전달해야 하기 때문이다. 여산통신은 등기우편 요금을 받고 책과 함께 보도자료를 담당기자에게 전해준다. 여산통신은 출판담당 기자뿐만 아니라 여성, 학술, 문화재 등의 담당기자나 TV와 라디오 프로그램 PD의 명단까지 관리하고 있다.

④ 홍보 계획은 현실적으로 잡아라

　방송의 뉴스 시간과 신문의 지면은 한정돼 있다. 뉴스통신이나 인터넷 매체는 시간과 지면의 제약이 없긴 하지만 이들 매체의 기자도 기사를 쓸 시간은 제한돼 있다. 설혹 시간이 있다 해도 기사 가치가 없다고 판단하면 기사를 쓰지 않는다.

　현실적으로 어떤 매체에 어느 정도로 기사가 나갈 수 있는지 판단해 그에 맞게 홍보에 나서야 한다. 너무 거창하게 계획을 잡으면 불필요한 노력과 비용을 쓰게 되고 힘만 빠진다. 기자들도 무리한 홍보 계획으로 접근하려 하면 진지하게 대하지 않는다.

　그렇다고 지레 위축될 필요는 없다. 기자와 끈이 있어야, 광고를 실어야, 유명한 조직이나 단체여야 꼭 기사를 실어주는 것은 아니다. 뉴스 가치의 기준, 언론사의 속성, 기자의 생리에 맞춰 적절한 아이템으로 홍보하면 성공할 수 있다.

⑤ 홍보 목적에 맞는 전략과 전술을 짜라

　홍보 계획이 세워지면 그에 맞춰 전략과 전술을 짜야 한다. 종교계 홍보에서 군사 용어를 쓰는 것이 적절치 않아 보일 수도 있지만 언론을 상대로 한 치열한 홍보업계의 경쟁에서는 불가피한 일이다.

　전쟁에서 승리하려면 천시(天時), 지리(地理), 인화(人和)가 필요하다. 요즘 언론의 가장 큰 관심사가 무엇인지, 언론사의 여건이나 지면 사정이나 기자의 일과 등은 어떤지 알고 담당기자와 잘 지내며 큰 틀의 전략을 짜야 한다.

지피지기(知彼知己)면 백전불태(百戰不殆)란 명언도 있다. 언론을 잘 알아야 할 뿐 아니라 경쟁상대의 동태도 파악해 놓아야 한다. 그런 다음 사안과 매체와 기자에 따라 적절한 전술을 구사해야 한다.

⑥ 이벤트를 만드는 것도 좋은 방법이다

기업체들은 새로운 분야에 진출하거나 신제품을 출시할 때 갖가지 이벤트를 벌인다. 사회 명사나 인기 연예인을 동원하는가 하면 매력적인 모델을 내세우기도 한다. 지방자치단체나 NGO들도 초대형 비빔밥을 만들거나 인형·탈·기구 등 상징물을 등장시켜 눈길을 끌려고 한다.

종교단체에서는 기업처럼 큰돈이 드는 행사를 기획하기 어렵다. 세간의 눈길이 따가워 역효과를 낼 수도 있다. 아이디어만 잘 짜내면 큰 효과를 볼 수 있다. 속세에서는 종교단체의 행사 자체가 신선하게 느껴질 수 있다.

부처님오신날 연등축제, 합동 수계식, 동자승 출가식, 성탄절 축하 현수막, 이웃종교 성직자 족구대회, 일반인 단기 출가, 108산사 순례, 장애인 체험, 노숙자 밥 나눠 주기, 명사 특강, 산사음악회, 경판 정대불사, 불상 점안식, 영산재, 민속놀이, 경연대회 등은 그 자체로 의미를 지닌 행사이기도 하지만 좋은 뉴스거리다. 특히 사진기자에게는 매력적인 취재 대상이다.

⑦ 뉴스메이커를 등장시켜라

언론은 단체보다 사람에 관심이 많다. 독자나 시청자 역시 마찬가지다. 이벤트를 개최하거나 보도자료를 보낼 때 대중에 널리 알려진 인물을 등장시키면 기자들은 모여들기 마련이다.

꼭 유명한 인물이 아니어도 크게 상관없다. 사연이 있는 인물이 바로 뉴스메이커가 될 수 있다. 행사 뒤에서 수고한 사람이나 이야깃거리를 지닌 인물을 내세워 기자들이 인터뷰하고 싶도록 만들라.

⑧ 칼럼과 독자란을 활용하라

기사 못지않게 영향력을 지닌 것이 칼럼이다. 신문들은 고정 칼럼을 두고 있다. 논설위원이나 차장급 이상의 기자들이 집필하기도 하고 대학교수나 문화예술인 등 외부 필진에게 위촉하기도 한다. 이들 고정 필진에게 알리고 싶은 내용이나 주장해 주었으면 하는 의견을 부탁하면 수용하기도 한다.

이런 글을 써줄 만한 대학교수나 스님 등에게 기고를 요청하는 방법도 있다. 칼럼을 먼저 집필한 뒤 담당기자나 지인을 통해 게재를 부탁할 수도 있고, 미리 이런 내용의 칼럼을 기고하고 싶은데 실어줄 수 있는지 타진한 뒤 글을 보낼 수도 있다. 이런 글을 때때로 써줄 만한 인물을 고정 필진으로 들어가게 한다면 더욱 좋은 일이다.

한 사람의 글이 한꺼번에 여러 신문에 실리기는 어렵지만 여러 사람이 비슷한 주제의 칼럼을 각각의 매체에 싣는 것은 가능하다.

그러나 독자의 관심이 집중된 이슈가 아니면 쉽지 않다.

　신문마다 두고 있는 독자란에 '독자의 소리' 형식으로 실을 수도 있다. 독자란에 게재하는 것은 외부 칼럼을 싣는 것보다는 수월하다. 이것 역시 가급적 권위가 있거나 지명도가 있는 인물이라면 실릴 확률이 높다.

　인터넷신문은 지면 제한이 없기 때문에 외부 기고에 훨씬 개방적이다. 시민기자의 이름으로 글을 올릴 수도 있다. 신문과 달리 같은 글이 동시에 여러 매체에 실리는 경우도 있다. 다만 여러 곳에 동시에 게재한다는 사실은 미리 알려 주어야 한다.

⑨ 인터넷 홈페이지는 언론을 염두에 두고 만들라

　웬만한 단체나 사찰은 모두 인터넷 홈페이지를 운영하고 있다. 신도나 회원을 위한 것이기도 하지만 순례객이나 관광객을 포함한 일반인이 대상이다. 홈페이지는 단체나 조직의 얼굴이기도 하고 현관이기도 하다. 직접 발로 찾기 전에 홈페이지를 보고 첫인상을 머릿속에 새겨 놓는다. 따라서 다소 품과 비용이 들더라도 꼼꼼하면서도 보기 좋게 만들어야 한다.

　이 가운데 특히 언론의 입에 맞게 만들 필요가 있다. 기자들은 관계자에게 직접 취재하거나 보도자료를 받더라도 추가 확인을 하기 위해 홈페이지를 찾아볼 때가 많다. 다른 기사를 쓰기 위해 인터넷을 뒤지다가 참고용으로 들러볼 수도 있다.

　기자가 가장 필요로 하는 연혁, 대표 인사말, 조직도, 연락처, 주요 행사, 보도자료, 공지사항, 사진, 게시판 등을 일목요연하게 배치해 찾아보기 쉽도록 만들어야 한다.

　단체나 사찰의 애플리케이션을 만드는 것도 좋다. 애플리케이션 역시 언론을 염두에 두고 만들어야 한다.

⑩ SNS 계정을 만들어라

　요즘 SNS가 대세를 이루고 있다. 단체나 사찰 명의로 트위터, 페이스북, 미투데이, 카카오톡 등의 계정을 만들어 주요 소식이나 대표의 발언 등을 SNS로 유통시키면 큰 효과를 볼 수 있다.

　SNS 계정을 만드는 것은 어려운 일이 아니다. 담당기자나 관련 인사를 팔로우하거나 친구로 등록시킨 뒤 글이나 사진을 올리면 된다. 생각한 것 이상 빠른 속도로 유통되고 영향력도 크다.

2. 보도자료는 어떻게 작성하는가

　기자가 기사를 쓸 때는 보도자료에 많이 의존한다. 신문기사들이 대동소이한 까닭의 하나가 대부분 기자들이 보도자료를 토대로 기사를 쓰기 때문이다.

　기자에게 취재를 의뢰하거나 제보를 하면 전화로 묻거나 방문 취재를 하기보다 "일단 보도자료를 보내주시면 보고 난 뒤 연락하겠다"는 대답을 듣는 경우가 많다. 기자들이 바쁘기 때문이기도 하고 취재나 기사화 여부를 판단하기에 편리하기 때문이다. 데스크에게 보고할 때도 일일이 설명하기보다 보도자료를 보여준 뒤 취재나 기사 작성 지시를 기다릴 때도 많다.

다음은 일반적인 보도자료의 작성 요령과 원칙이다.

① 기사체로 만들자

보도자료는 기사 쓰기를 위한 것이다. 기자들의 수고를 덜 수 있도록 가급적 기사체로 만들어야 한다. 물론 그대로 나가지 않는 경우가 많지만 그대로 나가는 경우도 많다. 특히 시간 여유가 없고 기자 숫자가 모자라는 인터넷 매체의 경우 토씨 하나 고치지 않고 곧바로 기사화돼 포털 사이트에 오르기도 한다. 그래서 완벽한 기사처럼 보도자료를 만드는 것이 중요하다.

또 잘 다듬어진 기사처럼 보도자료를 보내주는 곳일수록 기자들의 신뢰와 사랑을 받는다. 한번 기사화하고 말 것이 아니라면 더욱 신경을 써야 한다. 기자들은 보도자료를 보고 해당 조직이나 홍보 담당자의 수준을 가늠하기도 한다.

기자가 보도자료를 한 자도 고치지 않고 그대로 기사화한다면 기자들은 도대체 하는 일이 무엇이냐고 반문할 수도 있다. 그러나 그것은 언론을 통한 홍보를 바라는 조직의 입장에서 할 말이 아니다.

기자는 아무도 쓰지 않은 기사를 혼자 써서 다른 매체들이 따라오게 만드는 것이 특종이지만 홍보 담당자에게는 보도자료에 담긴 내용이 그대로 여러 매체에 한꺼번에 실리는 것이 특종이기 때문이다.

기사를 쓸 때 지켜야 하는 기본으로 흔히 6하원칙(六何原則)을 거론한다. 누가(who), 무엇을(what), 언제(when), 어디서(where), 왜(why), 어떻게(how) 6가지로 영어 머리 글자를 따 '5W1H'라고도 한다.

이 여섯 가지가 보도자료에 모두 담겨야 한다. 독자들이 궁금해 하는 내용이기도 하고 사안의 전모를 잘 알려 주기 때문이기도 하다. 주로 사건 기사에서 언급되는 원칙이어서 사안에 따라 한두 가지가 빠지는 경우도 있다. 그러나 '누가'와 '무엇을'과 '언제'는 꼭 들어가야 한다. 특히 날짜와 시간은 눈에 잘 띄는 글씨로 명기하는 것이 좋다.

스트레이트 기사는 두괄식으로 쓰는 것이 보통이다. 사안의 핵심을 빨리 파악할 수 있어야 하기 때문이다. 첫 문장에 소위 '야마'를 밝히고 그 다음 중요한 순서대로 문장을 배치한다. 삼각형을 거꾸로 세워놓은 모양이라고 해서 이를 역피라미드형이라고 부른다.

독자들이 맨 끝 문장까지 읽지 않을 수도 있다는 점 때문이기도 하고, 기사가 길 경우 편집기자가 뒤에서부터 자르기 쉽도록 하기 위한 것이기도 하다. 역피라미드형 기사는 뉴스통신 기사에서 먼저 발달했다. 뉴스통신 기사를 받아 쓰는 신문사들이 지면에 맞춰 분량을 조절하기 편리하도록 한 것이다. 박스 기사나 인터뷰 기사 등은 역피라미드형에 구애받지 않는다.

기사는 평어체로 쓴다. 존댓말과 경칭을 쓰지 않는다. '봉축위원장님께서 ~하셨다'라고 쓰면 안된다.

보도자료를 경어체로 작성하는 곳도 있다. 그러나 앞에서 말했듯이 보도자료를 살짝 손질해 곧바로 기사화하려는 처지에서는 일일이 '~합니다', '~했습니다'를 '~한다', '~했다'로 고치는 것이 번거롭다.

　기자에게 공손하게 보이려는 태도는 좋지만 기사 형식으로 만든 보도자료를 보낼 때는 평어체로 써야 한다. 본 내용 앞에 인사말과 보도자료를 보내는 취지 및 당부 정도만 경어체로 쓰면 된다. 행사 개최를 알리는 안내문이나 초청장 형식의 보도자료는 경어체로 작성할 수도 있다.

　신문인지 방송인지 잡지인지, 대중지인지 전문지인지 등에 맞게 보도자료를 달리 작성해 배포할 필요도 있다. 기자들의 구미에 맞게 골라 쓰도록 보도자료를 몇 가지 형태로 만들어 한꺼번에 보내기도 한다. 기자들이 선호하는 보도자료를 잘 쓰려면 해당 매체의 해당 분야 기사를 많이 읽고 그 형식에 맞춰 쓰는 방법이 가장 좋다.

② 동어 반복과 겹말을 피하자

　보도자료에서는 동어 반복을 피한다. 읽기에 거슬리기 때문이다. 예를 들어 첫 문장에 '최초'라는 단어를 썼다면 다음에는 '처음'이나 '효시'나 '지금까지 없었다'거나 다른 표현으로 바꾸는 것이 좋다. 관계자의 발언을 소개할 때도 '밝혔다'나 '말했다'를 반복할 것이 아니라 '설명했다', '풀이했다', '강조했다', '역설했다', '지적했다', '비판했다' 등을 다양하게 사용하도록 하는 것이 바람직하다.

피동형 표현은 가급적 능동형으로 바꿔 쓰는 게 좋다. '역전앞' 식의 겹말도 피해야 한다. '어려운 난관', '과반수를 넘는', '꼭 필요한', '30여 명가량' 등은 모두 같은 뜻의 말을 겹쳐 쓴 단어다. '만남을 갖고', '~하지 않을 수 없다', '~에 있어서' 등 영어나 일본어 번역 투의 문장도 삼가야 한다.

기사에서는 존칭이나 경어를 사용하지 않는다. '원장님', '목사님' 등의 호칭을 쓰거나 '참석하셨다', '말씀하셨다' 등의 존대어를 쓰면 안 된다. '스님'이라는 호칭은 예외에 속한다.

맞춤법과 외래어표기법에 맞춰 써야 하는 것은 물론이다. 오탈자가 있거나 맞춤법에 어긋나는 단어를 발견하면 보도자료 자체에 신뢰가 가지 않는다. 보도자료를 쓸 때 애매한 단어나 표현이 나오면 국어사전을 찾아봐야 한다. 외국의 인명이나 지명을 확인하려면 국립국어원 홈페이지를 검색하면 유용하다. 언론사들은 정부언론외래어 공동심의위원회가 정한 대로 통일해 쓴다.

말미에 대표나 실무 책임자의 코멘트를 덧붙이는 게 좋다. 행사의 취지나 기대 효과 등을 언급한 내용을 큰따옴표로 인용해 쓰는 것이다. 전문가의 코멘트를 곁들이면 권위가 높아진다.

③ 쉽고 간결하게 쓰자

신문사에서는 중학교 졸업 후 10년 정도 사회생활을 한 계층의 수준에 맞춰 기사를 쓰라고 가르친다. 난해한 문장이나 단어, 전문가 사이에서만 쓰이는 용어나 약어를 그대로 쓰면 안 된다. 꼭 써야 할 경우에는 괄호 안에 설명을 달거나 따로 해설을 붙여주어야 한다. 뜻도 명확해야 한다. 여러 가지로 해석될 수 있는 모호한 표현은 쓰지 말아야 한다.

문장은 최대한 간결하게 쓰는 것이 좋다. 신문사에서는 한 문장을 50자 내외로 쓰도록 가르친다. 아무리 길어도 100자를 넘는 것은 피해야 한다. 접속사나 수식어는 자제하고 군더더기를 쓰지 않도록 노력할 필요가 있다. 문장 형식도 가급적 단문으로 써야 한다. 복문을 쓰면 문법에 맞지 않는 비문(非文)이 발생하기 쉽다. 한 문장에는 하나의 내용만 담도록 한다.

기사의 분량은 대부분 200자 원고지 5장 안팎이다. 톱기사라고 해야 7~10장 정도다. 보도자료도 여기에 맞추는 것이 좋다. 보충 설명이 필요하더라도 참고자료로 뒤에 덧붙이는 형식이 바람직하다.

신문들은 기사 분량을 줄이기 위해 첫머리에는 정식 명칭을 쓰더라도 다음에 나올 때는 약칭을 쓴다. '방송통신위원회는~'으로 시작했다가 뒤에는 '방통위는~'이라고 쓰는 것이다. '대한불교조계종'도 뒤에 나올 때는 '조계종'이라고 하면 충분하다.

④ 독자 입장에서 쓰자

기자들은 늘 독자 입장에서 기사를 쓰도록 훈련받는다. '세법 개정으로 세수가 얼마나 늘어난다'는 기사를 쓸 때는 국민의 납세 부담이 얼마나 늘어난다고 쓰고, 신제품이 출시됨에 따라 회사가 어떤 성과를 기대하느냐가 아니라 소비자가 어떤 혜택을 보게 될지 쓰라는 것이다.

그럼에도 불구하고 시민단체 등에서는 취재원의 관점에서 쓴 기사가 많다는 비판을 제기한다. 취재원이 만들어준 보도자료를 토대로 기사를 쓰다 보니 자연스럽게 그런 경향을 띠는 것이다.

기자들이 일일이 고치는 수고를 덜기 위해서라도 독자나 이용자 관점에서 보도자료를 만드는 습관을 들일 필요가 있다. "사찰 진입로 공사가 끝나 더 많은 신도나 관광객을 맞게 될 것으로 기대된다"는 식이 아니라 "사찰 진입로 공사가 끝나 신도나 관광객이 찾기가 더 편리해졌다"는 표현이 바람직하다.

⑤ 제목을 눈에 띄게 달자

기사에서 제목의 중요성은 두말할 나위가 없다. 독자는 제목을 보고 가판신문을 살지 말지, 기사를 읽을지 말지 결정한다. 그래도 독자가 신문을 볼 때는 제목에 이어 곧바로 기사 본문으로 눈길이 가지만 인터넷 포털에서는 제목만 노출되므로 눈길 끌기 경쟁이 더욱 치열하다.

기자의 책상에는 보도자료가 숱하게 쌓인다. 제목만 보고 쓰레기통으로 던져 넣는 자료도 부지기수다. 메일 박스에도 보도자료가 쉴 새 없이 들어와 기자들이 지우기 바쁘다. 제목이 기자에게 와 닿지 않으면 애써 만든 보도자료가 한순간에 휴지조각으로 전락하는 것이다.

그러나 기사 제목을 무조건 눈에 띄게만 다는 것은 바람직하지 않다. 제목을 보고 클릭을 했는데 엉뚱한 내용이 나오면 속았다는 느낌이 들어 해당 언론사는 물론 기사에 등장하는 조직이나 업체에도 반감을 품게 된다.

보도자료에서는 그 정도가 심해진다. 기자들을 상대로 한 보도자료에서 "~알고 보니…", "~ 몸매가 허걱!"처럼 인터넷 매체 연예 기사 식의 제목을 달 수는 없는 일이다.

기사를 읽고 싶을 정도로 매력적이면서도 내용을 압축적으로 말하는 제목이 좋은 제목이다. '낚시성 제목'이라는 비난을 사지 않는 범위 안에서는 다소 기발한 제목도 괜찮다. 일단 읽게 만드는 데 성공하는 것이 중요하기 때문이다. 말의 맛이나 대구의 리듬을 살리는 것도 좋다.

<"거품 곧 붕괴" 거품 문 정부>, <화난 盧 "법대로"…놀란 勞 "일터로">, <신종플루株 '손씻기 힘든' 유혹>, <전·현청장 否認… 부인만이 안다?>, <水魔 키운 설마>, <男부럽지 않게 잘해요>, <돈 부담 덜~돼지>, <竹 펼쳐지네>, <세상 시름 茶 잊고 가네> 등은 한국편집기자협회가 뽑은 제목 부문 우수작이다. 이 같은 형식의 제목이 보도자료 제목으로는 적절하지 않지만 참고할 만하다.

⑥ 신조어나 유행어를 사용해보자

유행에 민감한 기자들의 속성을 적절히 이용할 필요가 있다. 요즘 한창 인구에 회자되는 유행어를 넣어 제목을 단다든가 창의적인 신조어를 만들어 보도자료에 적절히 사용하면 큰 효과를 볼 수 있다.

그러나 지나치면 역효과를 낼 수 있다. 대중이 알아듣기 힘든 은어, 유치한 유행어, 억지스러운 조어 등은 피해야 한다.

⑦ 거짓말이나 과장은 금물

    기자들은 '최(最)'자를 좋아하지만 시비에 휘말리는 것을 두려워하기 때문에 사실인지 확인하려 든다. 만일 최초나 최대가 아니라는 사실이 밝혀지면 보도자료를 낸 기관과 홍보 담당자를 불신하게 된다. 기자들의 눈에 띄려는 욕구는 이해하지만 잘못된 보도자료를 그대로 썼다가 곤욕을 치른 기자라면 다시는 그 홍보 담당자를 상대하려 하지 않을 것이다.

    보도자료에 담긴 내용의 의미를 최대한 부각하되 어디까지나 사실에 기초해야 한다. 기사는 광고와 다르다는 사실을 명심해야 한다. 광고 문구를 그대로 보도자료에 담으면 안된다.

⑧ 객관적으로 보이도록 만들자

    기사는 객관성이 생명이다. 보도자료는 취재원의 입장을 반영한 내용을 담는 것이 당연하긴 하지만 이를 토대로 기사화하는 것은 기자들이다. 일방적인 주장을 담은 것처럼 보이면 안 된다.

    최대한 사실에 근거하되 객관적인 자료와 통계 등을 첨부해 객관성을 높여야 한다. 정부 부처나 학계 등 공신력 있는 단체의 발표나 해설을 곁들이면 더욱 좋다. 보도자료를 객관적으로 보일 수 있도록 상반된 입장에 서 있는 단체의 주장을 함께 소개하는 것도 좋은 방법이다.

    경쟁관계의 조직이나 단체라 하더라도 비슷한 사례를 묶어 보도자료를 보내면 기사화될 확률이 높아진다. 사찰, 성당, 교회가 여름 휴가철에 맞춰 도시인에게 명상의 공간을 마련한다든지 불교 종단들이 연말연시를 맞아 이웃 돕기에 나섰다든지 하는 식의 보도자료를 만들어 보내면 종교담당 기자들의 호감을 살 수 있다. 그래도 보도자료를 제공한 곳의 내용을 가장 부각시켜 기사화할 것이다.

⑨ 보충자료를 충분히 준비하자

기자들은 기사 분량만큼의 보도자료만 보고 내용을 제대로 이해하지 못할 수도 있다. 설혹 이해하더라도 독자를 이해시키려면 보충자료가 필요한 경우가 많다. 기자들이 일일이 전화를 걸어 물어보지 않도록 충분한 보충자료를 첨부하면 기자들의 수고를 많이 덜 수 있다.

예를 들어 동안거(冬安居) 결제에 관한 보도자료라고 하면 "몇 명의 선승이 언제부터 몇 곳의 선방에서 안거 수행에 들어갔다"는 내용을 중심으로 작성하되 안거의 유래, 선방의 일과, 용상방(龍象榜)의 뜻과 소임, 이름난 선방, 총림 방장들의 법어와 해설 등을 첨부하는 것이다.

⑩ 사진은 꼭 챙기자

사진이 없으면 단신으로 끝날 기사도 사진이 있으면 기사가 커질 수 있다. 사진이 없으면 관계자의 인물 사진이나 예전의 자료 사진이라도 첨부해야 한다. 방송 기자에게는 동영상 파일을 제공해야 한다. 사진이 뒤늦게 제공될 예정이라면 이 사실과 함께 받는 방법을 명기한다.

사진은 이메일로 보내기도 하고 웹하드에 넣어두고 아이디와 비밀번호를 일러줄 수도 있다. 대용량 파일을 그냥 기자의 이메일로 보내면 용량 부족 때문에 기자들이 금방 삭제할 수도 있다.

사진은 신문 편집을 고려해 가로와 세로 사진을 함께 준비하는 것이 좋다. 사진설명도 친절하게 달아야 한다. 여러 사람이 함께 담긴 사진이라면 '왼쪽부터 누구누구'라거나 '왼쪽 끝부터 시계방향으로 누구누구' 하는 식으로 설명을 단다.

방송기자에게는 영상자료를 제공해야 한다. 만일 준비된 영상이 없다면 누구를 인터뷰하면 좋은지 어디서 현장 화면을 찍을 수 있는지 알려주고 섭외까지 해줄 필요가 있다.

⑪ 추가 취재나 문의를 위한 연락처를 남기자

보충자료를 충분히 준비하더라도 기자들에게는 의문이 있을 수 있다. 기자들의 질문에 답할 수 있도록 전화번호와 이메일 주소를 보도자료에 남겨야 한다.

만일 조계종 총무원 문화부에서 주관하는 일이고 홍보는 총무원 기획실 홍보팀에서 맡았다면 문화부 담당자의 이름과 연락처를 명기해야 한다. 담당자뿐 아니라 관계 전문가, 보도자료에 등장하는 인물 등의 연락처를 병기하는 것도 바람직하다.

⑫ 디자인에도 신경 쓰자

보기 좋은 떡이 먹기도 좋다. 세련된 디자인에 깔끔한 서체로 보도자료가 작성돼 있다면 그 자체로 기자들의 호감을 살 수 있을 것이다. 울긋불긋한 색상을 넣어 지나치게 화려하게 만들면 오히려 거부감을 일으킬 수도 있다.

고유의 보도양식을 만드는 것도 필요하다. 심벌이나 로고타입을 넣어 개성 있는 보도자료 형식을 만들면 언뜻 보고도 어디서 만든 보도자료인지 한눈에 알아볼 수 있다.

⑬ 부고나 인사 자료는 형식에 맞도록 만들자

어떤 사람은 신문 동정란의 부고나 인사 기사를 두고 힘 있는 기관의 것만 챙긴다거나 돈을 받고 싣는 것이라고 추측한다. 그러나 동정란이 의외로 잘 읽히고 파급 효과도 크다. 직무상 각 신문의 동정란을 빠짐없이 살펴보는 사람도 적지 않다. 따라서 신문사들은 지면이 넘치지 않는 한 인사와 동정을 잘 실어준다. 물론 그냥 팩시밀리나 이메일로 보내고 말 것이 아니라 관련 분야 담당기자나 동정란 담당기자에게 전화를 걸어 부탁하면 더욱 잘 실어줄 것이다.

신문사들은 저마다 일정한 양식으로 동정란을 꾸미고 있다. 약물(約物)이나 호칭이나 순서 등에서 차이를 보이기도 하지만 대체로 대동소이하다. 다음 사례는 일반적인 부고와 인사 기사 양식이다.

〈부고〉
▲ 김○○ (대한불교조계종 총무원 ○○부 ○○팀장) ○○ (자영업)씨 부친상, 이○○(○○물산 상무)씨 빙부상, 박○○ (○○중학교 교사) 시부상 = 17일 오전 10시30분, ○○병원 장례식장 1호실, 발인 19일 오전 8시 ☎ 02-○○○-4444

〈인사〉
◇ 대한불교조계종 총무원
▲ 기획실 ○○팀장 최○○ ▲ 기획실 ○○팀장 정○○

3. 사례로 본 보도자료 작성법

〈사례 ①〉

소 통 과 화 합 으 로 함 께 하 는 불 교
대한불교조계종
Jogye Order of Korean Buddhism

Press Release
보·도·자·료

금강산 신계사 복원 5주년기념 남북불교도합동법회 봉행

1. 대한불교조계종 민족공동체추진본부(본부장 지홍스님, 이하 조계종 민추본)와 조선불교도련맹 중앙위원회(위원장 심상진, 이하 조불련)는 10월

13일(토) 오후2시 「금강산 신계사 복원 5주년기념 조국통일기원 남북불교도합동법회, 이하 남북합동법회」를 금강산 신계사에서 봉행할 예정입니다.

2. 이번 남북합동법회는 지난 10월 5일(금), 개성에서 조계종 민추본과 조불련이 남북불교교류 실무회담을 통해서 합의하에 추진하게 되었습니다. 올해 들어 방북을 통한 남북공동행사로는 이번 남북합동법회가 최초의 사례이며, 이는 최근 몇 년간 남북관계가 어려운 조건에서도 남북불교도의 꾸준한 교류와 협력을 통한 굳건한 신뢰관계의 반증이라고 할 수 있습니다.

3. 이번 남북합동법회 참가단은 총 20명으로 구성되며, 대표단장은 조계종 민추본 본부장 지홍스님이 맡게됩니다. 북측은 조불련 중앙위원회 고위 임원을 비롯한 관계자들이 참석할 예정입니다.

4. 이외에도 조계종 민추본은 금강산 신계사 복원 5주년을 기념하는 의미에서 10월 11일(목) 「금강산 신계사 발굴조사보고서(3차~6차)-최종」를

 불교문화재연구소와 공동으로 발간합니다. 또한 10월 12일(금) 오후1시 30분, 한국불교역사문화기념관 국제회의장에서 「북한의 문화유산」 학술대회를 동북아불교미술연구소가 주관하고 조계종 민추본이 후원하여 개최할 예정입니다.

5. 대한불교조계종 민족공동체추진본부는 남북관계 경색으로 인한 어려움에도 불구하고 남북불교교류 활성화와 민족의 화해와 평화를 위한 노력을 끊임없이 전개할 것입니다.

6. 귀 언론의 적극적인 관심과 보도 부탁드립니다.

대한불교조계종 민족공동체추진본부
박재산 (antquf74@buddhism.or.kr)
Tel : 02-720-0531　　Cell : 010-6808-0000
홈페이지 : www.unikorea.or.kr

2012년 10월 11일 배포
총페이지 : 3P

별첨1.
금강산 신계사 복원 5주년기념 조국통일기원 남북불교도합동법회 방북일정 및 식순

1. **일정표**
    06:20   집결 (조계사 앞)
    06:30   조계사 출발
    10:30   남측 출입사무소 도착/수속
    11:10   MDL 통과
    11:25   북측 출입사무소 도착/수속
    12:00   중식 (남북불교대표단 회동 및 동석식사)
    13:50   신계사 도착
    14:00   신계사 복원 5주년 기념 남북합동법회
    15:30   신계사 출발
    16:10   북측 출입사무소 도착 및 수속
    17:00   MDL 통과
    17:10   남측 출입사무소 도착 및 수속
    18:30   석식
    21:00   서울 도착 (조계사 앞)

2. **식 순**
    - **진 행** : 사회 - 남북공동 / 집전 - 남측
    - **개 회** : 남측 사회자
    - **범종타종** : 남측 1인, 북측 1인 (조국통일기원 5타)
    - **삼 귀 의** : 전통식으로 다같이
    - **반야심경** : 전통식으로 다같이
    - **내빈소개** : 남측은 남측사회자, 북측은 북측사회자가 소개
    - **헌 화** : 남측과 북측 순으로 번갈아 헌화
    - **경과보고** : 남측
    - **인 사 말** : 북측
    - **봉 행 사** : 남측

- **발 원 문** : 남북공동 낭독
- **공지사항** : 남측 사회자
- **사홍서원** : 전통식으로 다같이
- **폐   회** : 북측 사회자
- **기념촬영** : 남측, 북측 참가자 전체

* 남북합동법회 봉행 직전(또는 직후)「금강산 신계사 발굴조사보고서(3차~6차)」 봉정식 예정.

별첨2.
「금강산 신계사 발굴조사보고서(3차~6차)」 표지를 별도의 파일로 첨부합니다.

별첨3.
1. 「북한의 문화유산」 학술대회 일정표

시 간	내 용	발 표
13:00~13:30	등록	
13:30~13:35	개회사	최선일 - 동북아불교미술연구소장
13:35~13:50	축사	지홍스님 - 대한불교조계종 민족공동체추진본부장
● 사회 : 김희경 - 동북아불교미술연구소 학예부장		
13:50~14:30	고구려 고분벽화의 제작 기술	한경순(건국대학교 교수)
14:30~15:10	개성의 사찰과 불교문화재	홍영의(숙명여자대학교 연구교수)
15:10~15:30	휴식	
15:30~16:10	배천 강서사 조성 목조지장보살좌상과 조각승 영철	최선일(동북아불교미술연구소장)
16:10~17:50	북한의 도자가마터 발굴과 연구사적 검토	박정민(한울문화재연구원 유물보존팀장)
17:30~17:40	폐회사	

2. 학술대회 특이사항

최선일 동북아불교미술연구소장은 3주제 발표 [배천 강서사 조성 목조지장보살좌상과 조각승 영철]에서 북한의 불교조각 연구의 토대를 마련하기 위하여 1877년에 황해남도 白川郡 見佛山 江西寺에서 옮겨온 서울 도봉구 우이동 화계사 지장전 목조지장보살삼존상과 시왕상 등을 살펴보고자 한다. 이 불상은 1877년에 목조지장보살삼존상과 시왕상이 강서사에서 서울 화계사로 옮겼다는 기록이 남아있다. 이 목조지장보살좌상은 조선후기 전형적인 불상을 따르면서도 얼굴의 인상이나 착의법 등이 매우 특이한 불상이다.

목조여래좌상, 1650년대, 배천 강서사

영철, 목조지장보살좌상, 1649년, 서울 화계사 봉안(배천 강서사 조성)

사인, 목조여래좌상, 1649년, 포천 동화사(순창 만일사 조성)

<사례 ①>의 보도자료는 주요 내용을 한 페이지에 잘 정리해놓았다. 조계종 심벌과 로고타이프를 맨 위에 배치해 한눈에 알아볼 수 있게 했으며, 맨 아래 담당자 전화번호와 이메일 주소를 적어 추가 취재에 도움이 되도록 했다.

제목도 간결하게 잘 달았다. '북녘 땅서 열리는 올해 첫 남북공동

행사' 등의 부제를 곁들였으면 더 좋았을 것이다. 문장이 비교적 매끄럽고 분량도 적절하다. 보충자료로 남북불교도합동법회 방북 일정 및 식순, 신계사 발굴조사보고서 표지 파일, '북한의 문화유산' 학술대회 일정표 및 특이사항을 곁들여 이해를 도왔다.

이 보도자료는 안내문이나 초청장 형식에 따라 경어체로 작성했다. 그러나 기자들을 남북불교도합동법회에 초청하는 내용이 아니라면 기사체인 평어체로 쓰는 것이 좋다.

낫표(「 」)와 겹낫표(『 』)는 세로쓰기 형식에서 주로 사용되어 왔으나 가로쓰기에서는 학술논문 등 극히 일부를 제외하고는 쓰이지 않는다. 특히 신문을 비롯한 매체들은 컴퓨터 자판에서 입력하기 번거롭기 때문에 사용하지 않은 지 오래됐다. 작은따옴표(' ')로 통일하는 것이 바람직하다.

또 신문에서는 준말을 애호한다. '추진하게 되었습니다'는 '추진하게 됐습니다', '후원하여'는 '후원해', '마련하기 위하여'는 '마련하기 위해'로 각각 줄여 쓰는 것이 좋다. '반증'이라는 단어는 한자 뜻 그대로 '반대되는 증거'를 말한다. 이 문장에서는 '방증'이라는 단어가 적절해 보인다.

'~추진하게 되었습니다', '구성되며', '맡게 됩니다' 등 수동형 문장이 많은 것도 거슬린다. 이 가운데 한두 개만이라도 능동형 문장으로 바꿔 쓰도록 하자. 두 번째 문단의 둘째 문장 <올해 들어…>는 지나치게 길다. 둘로 나누는 것이 좋겠다.

민추본이 <남북관계 경색으로 인한 어려움에도 불구하고 남북불교 교류 활성화와 민족의 화해와 평화를 위한 노력을 끊임없이 전개할 것>이라는 내용은 큰따옴표를 달아 본부장 지홍스님 등 책임자나 핵심 관계자의 발언으로 처리하면 훨씬 완성도를 높일 수 있다.

<별첨1>의 'MDL'은 'military demarcation line'의 약어다. 일반인에게는 익숙지 않은 용어이기 때문에 '군사분계선'이나 '휴전선'으로 적는 것이 바람직하다. 이 용어 자체가 중요한 의미를 지닌다면 원어를 곁들여 설명할 필요가 있겠으나 이 보도자료의 핵심 내용과는 전혀 관계가 없다.

<별첨3>의 <이 불상은 1877년에 목조지장보살삼존상과 시왕상이 강서사에서 서울 화계사로 옮겼다는 기록이 남아있다>는 문장은 주어와 목적어와 서술어의 호응이 맞지 않는 비문(非文)이자 바로 앞 문장과 상당 부분 중복된다.

다소 길어 보이는 앞의 문장에서 <1877년에 황해남도 白川郡 見佛山 江西寺에서 옮겨온> 구절을 삭제하고 뒷 문장을 <이들 불상에 관해서는 1877년에 황해남도 白川郡 見佛山 江西寺에서 옮겨왔다는 기록이 남아 있다>, 혹은 <기록에 따르면 이들 불상은 1877년 황해남도 白川郡 見佛山 江西寺에서 옮겨왔다>로 손질할 필요가 있다.

보도자료 배포 시점도 문제로 꼽을 수 있다. 남북합동법회와 학술대회가 각각 13일과 12일 열리는데, 불과 1~2일 전인 11일 배포했다. 신문들은 소화하기 어렵고 학술대회에 참가하고 싶은 독자에게도 별 도움이 안 된다.

5일 남북불교교류 실무회담에서 개최 계획에 관한 합의가 이뤄졌다는 점을 감안하면 더 이른 시점에 신속하게 보도자료를 배포해야 한다. 보도자료를 뿌리기 전 일부 언론에 누설돼 먼저 기사화될 우려도 있다.

<사례 ②>

"불복장(佛腹藏)의식 현황조사 보고서" 발간

1. 대한불교조계종 총무원 문화부(부장 진명스님)에서는 불교무형문화유산 실태조사의 일환으로 "불복장(佛腹藏)의식 현황조사 보고서"를 발간하였습니다. 본 보고서는 총무원 문화부에서 기획하고, 조사는 (재)불교문화재연구소(소장 각림스님)에서 진행하였습니다.

2. 불복장 의식은 사리(舍利)를 비롯한 여러 물목(物目)들을 불상 내에 납입하는 의식으로, 단순한 조각인 불상을 예배와 공양의 대상으로 전환시키는 중요한 의식입니다. 불복장 의식은 『조상경』 등의 경전을 바탕으로 하여 스님들을 통해 개별적으로 전승되어 왔습니다.

3. 이번 조사보고서는 전승되고 있는 불복장 의식의 현황을 파악하고 기초자료를 구축하는데 목적을 두었습니다. 이를 위해 불기 2556(2012)년 서울 청량사에서 설행된 불복장 의식의 전 과정에 대한 참여관찰 조사를 실시하여 기록화하였으며, 불복장 의식을 전승하고 계시는 전승자 5인(도성스님, 무관스님, 성오스님, 경암스님, 수진스님)에 대한 인터뷰 조사를 병행하였습니다.

4. "불복장 의식 현황 조사 보고서"는 불복장 의식에 초점을 맞춘 보고서로 향후 불복장 의식에 대한 학술적 연구와 가치 증진의 계기가 될 것입니다. 지금까지는 의식의 특수성과 비정례성으로 인해 불복장 의식에 대한 기초 자료가 거의 구축되어 있지 못한 상황이었으며, 이번 보고서는 불복장 의식의 설행과 전승 과정에 대한 기초 자료 구축이라는 면에서 의미가 큽니다. 총무원 문화부에서는 연등회의 중요무형문화재 지정을 발판으로 삼아 불복장 의식, 나아가 소중한 전통 불교무형문화유산의 의미를 부각시키고 문화재로써 의 가치를 증진시키기 위해 더욱 노력할 것입니다.

※ 별첨 : 보고서 표지사진

```
대한불교조계종 총무원 문화부
문화재팀 주임 유대호(blind19@buddhism.or.kr)      2013년 1월 17일 배포
Tel : 02-2011-1773  Cell :010-3064-0000         총페이지 : 2P
홈페이지 : www.buddhism.or.kr
```

　조계종 문화부가 '불복장(佛腹藏) 의식 현황조사 보고서'를 발간했다는 내용을 간결하게 잘 정리했다. 조사와 발간 주체, 불복장 의식의 뜻, 조사 보고서 발간 목적, 조사 방식, 의미 등을 간추렸으며 표지 사진도 곁들였다.

　간단해 보이는 내용이라도 부제를 달아주는 게 낫다. 매체마다 다양하게 제목을 달려고 하기 때문이다. '발간하였습니다', '진행하였습니다', '실시하여' 등은 '발견했습니다', '발간했습니다', '진행했습니다', '실시해' 등으로 축약해 쓰는 게 좋다. <불복장 의식은…의식으로, …대상으로>나 <불복장 의식은…바탕으로 하여(해)…통해>처럼 한 문장 안에서 같은 꼴의 어미가 반복되면 어색하다.

　이 보도자료의 핵심은 보고서가 나왔다는 것이지만 그 내용에만 초점을 맞추면 단신성 기사로 끝나고 만다. 불교계 언론 이외의 매체들은 지나치기 십상이다.

　보고서 발간을 계기로 불상 안에는 어떤 물건들이 들어가는지, 이들을 납입하며 어떤 순서로 의식을 치르는지, 불복장 의식 전승자 5인이 전수한 방식에는 어떤 차이가 있는지 등을 소개하는 것이 훨씬 흥미롭게 비칠 수 있다.

사진도 평범해 보이는 보고서 표지가 아니라 불상 안에 납입하는 물건들이나 불복장 의식 장면이 훨씬 생동감을 준다. 불복장 의식 전승자 5인의 도움말을 참고자료로 덧붙인다든지 이들의 연락처 등을 명시하면 별도 인터뷰에 관심을 갖는 매체에도 도움이 될 것이다.

사리나 경전 등으로 이뤄진 복장물은 불상에 신성(神性)과 생명력을 불어넣는 상징물인 동시에 조성 당시의 문화와 사회상을 나타내는 일종의 타임캡슐이기도 하다. 그래서 종종 문화재털이들의 표적이 된다.

많은 일반인은 불상에 이런 물건이 들어간다는 사실 자체를 모르거나, 안다고 해도 직접 본 적이 거의 없어 신비스럽게 여길 만하다. '불상에 神性 불어넣는 불복장을 아시나요', '불교 문화의 정수 담은 타임캡슐, 불복장' 등의 제목 아래 <불복장 의식 현황조사 보고서 발간을 계기로 불복장에 대한 관심이 쏠리고 있다…>는 내용을 앞세운 보도자료를 낼 수도 있는 것이다.

보고서는 딱딱한 학술적 내용을 담고 있더라도 보도자료를 어떻게 만드느냐에 따라 얼마든지 언론사나 독자의 관심을 불러일으킬 수 있다.

〈사례 ③〉

| 마음에 평화를
세상에 행복을 | **보도자료** | 봉축위원회
불기2556(2012)년 5월 2일 |

110-170 / 서울시 종로구 견지동 45 봉축위원회 / ☎ 2011-1745 Fax 725-6643 www.연등회.kr

'사사자탑등' 평화와 행복을 발원하다

5월 7일(월) 오후 7시 서울광장서 '점등'
강인한 사자가 온화한 전통의 빛으로 국민의 품에 다가온다.

1. 불기 2556(2012)년 부처님오신날 봉축행사가 5월 7일(월) 오후 7시 서울시청 앞 봉축장엄등 점등으로 시작합니다. 부처님오신날을 맞이하여 연등을 밝히는 것은 마음의 평화를 얻고 세상의 행복을 발원하는 의미로 부처님 당시부터 전해오는 불교의 고유한 전통입니다.

2. 올해 서울시청 앞 광장에 밝혀지는 '사사자삼층석탑燈'은 국보 제35호인 화엄사 사사자삼층석탑을 원형으로 삼아 제작한 것입니다. 사사자탑등은 전통 한지로 제작되었으며, 네 마리의 암수 사자가 기둥역할을 하며 탑을 받드는 입체적인 모습을 그대로 재현하였습니다.

3. 전영일 공방에서 4개월에 걸쳐 제작한 이 대형 장엄등은 5월 7일부터 부처님오신날인 5월 28일까지 서울시청 광장을 밝히게 됩니다.

4. 5월 7일(월) 오후 7시, 서울시청 앞 광장에서 열리는 점등식은 부처님오신날 봉축위원회 위원장이자 대한불교조계종 총무원장인 자승스님을 비롯하여 각 종단의 총무원장 스님과 불교계 인사

등 2,000여 불자들과 함께 진행할 예정입니다.

5. 특히 올해 점등식은 지난 4월 국가중요무형문화재 제122호로 지정된 "연등회" 행사를 앞두고 많은 불자들이 모여 열리는 행사로 전통문화 보존 노력에 앞장서 온 불자들의 축하의 자리가 될 것이며, 또한 전통문화 발전을 위해 더욱 매진하는 다짐의 시간이 될 것입니다.

6. 그리고 점등식과 더불어 서울시 전역에는 약 5만 여개의 가로연등이 설치되어 부처님오신날의 의미를 함께 새길 예정입니다.

7. 봉축위원회 집행위원장 영담스님(조계종 총무부장)은 "국민들이 강인한 사자의 풍모를 바라보며 삶의 위안을 삶고, 따스한 전통등의 빛을 가슴 속 깊이 담아가길 바란다."고 강조했습니다.

※ 별첨 : '사사자삼층석탑燈' 소개, '사사자석탑' 설명자료
※ 문의 : 부처님오신날 봉축위원회 전화 02)2011-1745 / 담당 유남욱

'사사자삼층석탑燈' 소개

국보 35호인 '화엄사 사사자삼층석탑'을 원형으로 하여 한지등으로 재현하였다.
석탑의 기둥역할을 하는 사자 네 마리의 용맹성을 그대로 살린 한지등으로 제작하였고, 전통등의 기법을 살려 화려한 컬러보다는 석탑이 가지고 있는 오래된 유물로서의 이미지와 색채를 강조하였다.

- 제　　작 : 전영일
- 높　　이 : 18미터(좌대 2.7미터)

- ▣ 재   료 : 한지 + 천 + 스텐레스 스틸, 스틸 구조물 + 채색 + 전기·조명장치 + 합성수지 계열 발수코우팅
- ▣ 구   성 : 사사자석탑을 20개 부분으로 나누어 조립
- ▣ 전   력 : 전구식 형광램프 300여개, 총전력 7kW
- ▣ 제작기간 : 4개월

화엄사 사사자석탑 설명자료

- 명 칭 : 구례 화엄사 사사자 삼층석탑(求禮 華嚴寺 四獅子 三層石塔)
- 시 대 : 통일신라

지리산 자락에 있는 화엄사는 신라 진흥왕 5년(544)에 연기조사(緣起祖師)가 세운 절로, 호남 제일의 사찰답게 많은 부속 건물과 구례 화엄사 각황전 앞 석등(국보 제12호), 구례 화엄사 동 오층석탑(보물 제132호), 구례 화엄사 서 오층석탑(보물 제133호), 구례 화엄사 원통전 앞 사자탑(보물 제300호) 등의 중요한 유물들이 전해온다. 탑은 소나무 숲으로 둘러싸인 절 서북쪽의 높은 대지에 석등과 마주보고 서 있으며, 2단의 기단(基壇)위에 3층의 탑신(塔身)을 올린 형태이다.

아래층 기단의 각 면에는 천인상(天人像)을 도드라지게 새겼는데, 악기와 꽃을 받치고 춤추며 찬미하는 등의 다양한 모습이 그려져 있다.

사사자석탑 등 모형도
전영일 JEON Young-il(1970.2 ~)
- 홍익대학교 미술대학 조소과 졸업
- 전영일 공방 대표
- 서울'연등회-전통등 전시회' 주관
- '연등회 전통등 전승 강습회' 주관

가장 주목되는 위층 기단은 암수 네 마리의 사자를 각 모퉁이에 기둥삼아 세워 놓은 구조로, 모두 앞을 바라보며 입을 벌린 채 날카로운 이를 드러내고 있다. 사자들에 에워싸여 있는 중앙에는 합장한 채 서있는 스님상이 있는데 이는 연기조사의 어머니라고 전하며, 바로 앞 석등의 탑을 향해 꿇어앉아 있는 스님상은 석등을 이고 어머니께 차를 공양하는 연기조사의 지극한 효성을 표현해 놓은 것이라 한다.

탑신은 1층 몸돌에 문짝 모양을 본떠 새기고, 양 옆으로 인왕상(仁王像), 사천왕상(四天王像), 보살상을 조각해 두었다. 평평한 경사를 보이고 있는 지붕돌은 밑면에 5단씩의 받침이 있으며, 처마는 네 귀퉁이에서 살짝 들려 있다. 탑의 꼭대기에는 머리장식의 받침돌인 노반(露盤)과 복발(覆鉢:엎어놓은 그릇모양의 장식)만이 남아있다.

각 부분의 조각이 뛰어나며, 지붕돌에서 경쾌한 아름다움을 보여주고 있어 통일신라 전성기인 8세기 중엽에 만들었을 것으로 추측된다. 특히 위층 기단의 사자조각은 탑 구성의 한 역할을 하고 있어 경주 불국사 다보탑(국보 제20호)과 더불어 우리나라 이형(異形)석탑의 쌍벽을 이루고 있다.

〈출처 – 문화재청 문화유산정보〉

제목을 잘 달았다. 주제에 말하고자 하는 내용을 담고 부제에 구체적인 내용을 소개했다. 맨 마지막의 두 번째 부제는 지나치게 추상적으로 느껴진다.

봉축위 집행위원장의 발언을 직접 인용한 것이라든지, 사사자삼층석탑등 제작 과정을 소개하는 내용과 화엄사 사사자석탑 설명 자료를 덧붙인 것도 칭찬할 만하다. 작가의 창작 의도나 소감 등을 직접 인용문으로 곁들여주면 더 좋았을 것이다.

보도자료 맨 위에 부처님오신날 봉축위원회를 상징하는 심벌이나 고유의 서체를 표시하지 않아 밋밋한 느낌을 준다. 행간이 넓어 보기에 시원한 맛은 있으나 보도자료 본문을 한장짜리로 처리하지 못한 것은 아쉽다.

같은 숫자가 자주 반복되는 것은 문제로 꼽힌다. 5월 7일이 세 차례 등장하는데, 두 번째는 '이날'로 대체하면 되고 세 번째는 없어도 무방하다. 5월 2일 배포한 보도자료여서 5월은 생략해도 된다. '서울시청'이라는 단어도 본문에서만 네 차례나 등장한다. 보도자료는 간결하게 써야 한다는 원칙을 잊지 말아야 한다.

<사례 ④>

 대한불교 조계종 한국불교문화사업단 Cultural Corps of Korean Buddhism  템플스테이 TEMPLESTAY

한국불교문화사업단, 연말 맞이 따뜻한 템플스테이 프로그램 마련
템플스테이가 추억 · 위로 · 만남 · 나눔을 선물합니다

- 한국불교문화사업단, 추억 · 위로 · 만남 · 나눔의 테마로 템플스테이 프로그램 마련
- 서울 및 전국 각지에서 어르신·다문화 가정, 2030등 다양한 계층 대상으로 준비

한국불교문화사업단(단장 법진)은 연말을 맞아 추억, 나눔, 위로, 만남의 테마를 가진 따뜻한 템플스테이 프로그램을 실시한다.

'내비둬 콘서트'로 유명한 **금산사**는 '**추억**'을 테마로 한 송년콘서트를 준비했다. 오는 12월 7일 '**내년엔 앞차고, 뽀딱질거야**'라는 제목으로 가수 박강수, 조성일을 비롯 그간 내비둬 콘서트에 참가했던 출연진들이 기존 템플스테이 참가자들을 초대한다. 음악, 해금 연주, 미술쇼 등 다채로운 공연과 함께 일감스님의 토크콘서트도 준비돼 있어 지난 시간을 추억하고 닥친 새해를 다짐하는 자리가 될 예정이다. 서울 종로에 위치한 한국불교역사문화기념관에서 열리는 이번 공연은 인터파크 홈페이지(www.interpark.com)를 통해 예매가 가능하다.

유독 힘든 한 해를 보냈을 2030 청춘을 위한 '위로'도 마련됐다. 대구 동구 **파계사**는 위로와 힐링을 담은 '**청춘(靑春) 템플스테이**'를 12월 22-23일, 1월 12-13일 두 번의 일정으로 진행한다. 힐링 감성시간, 힐링자자(自悉), '새벽의 별' 명상과 참선 등 고된 시간을 보낸 청춘을 치유하고 위로하는 프로그램들로 가득 차있다.

템플스테이 200회를 맞는 서울 종로구 **금선사**는 200회 동안의 참가자 3천여 명과의 '**만남**'을 기념하며 '**200회 특별 템플스테이**'를 12월 22일부터 23일까지 1박 2일간 진행한다. 마음나누기, 법문 듣기, 다도 강습, 타종 체험 프로그램 등이 준비됐으며 기존 참가자라면 누구든 1만 원의 참가비로 함께 할 수 있다.

추운 연말, 사랑과 행복을 나누는 '**나눔**' 템플스테이도 준비돼 있다. 서울 은평구 **진관사**는 '**행복 나눔 템플스테이**'를 두 차례에 걸쳐 진행한다. 1차는 60세 이상 어르신을 대상으로, 2차는 다문화 가정을 대상으로 실시하며 사찰예절, 다담 프로그램과 건강한 사찰음식 시식도 준비했다. 충남 서산 **서광사**는 11월 24일부터 3개월 동안 매주 일요일 오후 '나눔 템플스테이'를 진행할 예정이다. 다문화가정을 대상으로 한 이번 프로그램은 차별 없이 따뜻한 온기를 함께 나누자는 취지로 기획됐다.

논산의 지장정사도 오는 19일부터 20일까지, 양일간 지역 시민단체와 함께 농어촌 학생들의 다양한 문화체험과 심신수련을 위해 참선, 글쓰기 명상, 108배 등의 템플스테이 프로그램을 개최할 예정이다.

한편, 템플스테이는 올해 10주년을 맞이한 한국의 대표적인 문화체험 프로그램으로 109개 사찰에서 휴식형, 문화 체험형 등 특색 있는 프로그램을 실시하고 있다. 또한, 사찰음식 나눔 캠페인, 노동자·장애인·다문화가정 템플스테이 등 우리 사회의 다양한 계층과 함께 어우러지는 프로그램을 꾸준히 진행 중이다.

보도자료 상단에 조계종과 템플스테이 심벌이 새겨져 한눈에 알아볼 수 있다. 제목을 네 가지 사례로 다양하게 달아놓은 것은 칭찬할 만하나 대부분 너무 길고 추상적이다. 부제에는 템플스테이 프로그램이 열리는 사찰 이름을 소개하는 것이 독자에게 훨씬 도움이 될 것이다.

보도자료 배포 시점은 12월 6일인데 금산사의 송년 콘서트는 '오는 12월 7일' 열린다고 소개해놓았다. 더 일찍 배포하면 좋았을 것이다.

조간신문들은 어제 일어난 일을 주로 소개하기 때문에 '어제'를 가리킬 때 '지난 ○일'이라고 하지 않는다. 그저께 이전일 경우에 '지난 ○○일'이라고 쓴다. '내일'을 일컬을 때도 '오는 ○일'이라고 쓰지 않는다. 해당 날짜가 문맥상 언제인지 쉽게 알 수 있으면 '지난'이나 '오는'을 쓰지 않는 것이 좋다.

진관사 템플스테이 소개 대목에서는 날짜가 빠졌다. 서광사 템플스테이에 관해서는 <11월 24일부터 3개월 동안…진행할 예정이다>라고 썼다. 배포 시점을 감안하면 <지난달 24일 시작해 3개월 동안 진행한다> 식으로 써야 한다.

<오는 19일부터 20일까지, 양일간>이라는 대목도 겹말에 해당한다. <오는 19일부터 양일간>, 혹은 <오는 19~20일>이면 충분하다. 이틀밖에 안 되는데 '언제부터 언제까지'를 쓰고 또 '며칠간'인지 소개하는 것은 사족이다.

<인터파크 홈페이지를 통해 예매가 가능하다>는 대목은 영어 번역투의 문장이다. <인터파크 홈페이지에서 예매할 수 있다>가 우리식 표현에 가깝다.

〈사례 ⑤〉

| 보도자료 | **해인총림 율원 율맥 전수 전계식**
대한불교조계종 법보종찰 해인사 2013. 1. 26. |

1. 법보종찰 해인사(해인총림) 율원에서는 2013년 1월 26일 오후 3시 해인총림 율주이신 연담종진 스님께서 본정원담 스님에게 율맥을 전수하는 전계식을 봉행했습니다.

2. 해인총림 율주 연담종진 스님은 해인총림 율맥의 자운慈雲 - 종수宗壽 - 연담蓮潭 스님으로 이어지는 율맥을 본정스님에게 전하였습니다.

3. 전계식에서 율주 연담종진 스님은 신라 자장율사의 정율定律 이래 전해온 율맥을 전하면서 "한국불교에서 부처님의 계율을 일심으로 호지하여 여래의 정법을 영원히 지키고 널리 중생들을 제도하라"는 당부의 말씀을 하셨습니다.

4. 계맥을 이은 본정서봉 스님은 1989년 학산대원 스님을 은사로 출가하여 해인사 승가대학과 해인사 율원을 졸업하고 1995 ~98년까지 승가대학 교수를 지냈습니다. 합천군청소년수련관장과 몰운대종합사회복지관장을 지냈으며 2008년 연담종진 스님에게 해인사에서 전통강맥을 전수받고 지금은 해인총림 선원에서 정진중입니다.

※ 별첨 : 위촉장 수여 사진

문 의 : 법보종찰 해인사 홍보국 (055-934-3111) 종무소 (055-934-3000)

간단한 내용이지만 핵심을 잘 간추렸다. 율맥을 물려주는 연담 스님의 당부와 이어받는 본정 스님에 관한 소개가 깔끔하게 정리됐다. 사진도 당일 신속하게 배포했다.

　조계종 중앙종무기관은 물론 본말사와 관련 기관·단체 모두 조계종 심벌과 로고타입을 포함한 CI를 공통으로 사용하는 것이 좋다. 본말사는 CI 작업이 이뤄지기 전의 조계종 중앙종무기관 보도자료 양식을 따르고 있는 듯하다. 이 자료에도 보도자료 배포처와 날짜를 부제로 혼동하도록 적어놓았다.

　사진 설명이 없는 것도 아쉽다. 전각 현판으로 보아 짐작할 수 있더라도 사진 찍은 장소를 구체적으로 소개해주는 것이 좋다. 또 등장인물을 모두 소개하지 않더라도 보도자료에 등장하는 전·후임 율주 정도는 소개할 필요가 있다.

　'1995~98년까지'에서 '~'와 '까지'는 겹말이다. '지냈다'라는 표현이 연거푸 등장하는 것도 눈에 거슬린다. 담당자의 이름과 휴대전화번호를 명기하는 것이 좋다.

<사례 ⑥>

> 　월정사성보박물관 개관 13주년 즈음하여 민화전시회를 합니다.
> 　아름다운 오대산에서는 매년 '불교문화축전'이 열리며, 이보다 앞서 월정사성보박물관은 올해로 개관 13주년을 맞이합니다. 그래서 준비한 이번 민화전시회는 올해로 8회를 맞이하며 복권기금지원 사업으로 특별하게 준비하였습니다.
> 　민화연구반 회원님들의 멋들어진 작품과 그동안 복권기금 민화체험프로그램에 참여하였던 월정노인요양원, 만월노인요양원, 대화

제8회 민화작품전

옛 선인들의 삶을 붓과 색으로 만나다

고등학교 학생을, 장평초등학교 어린이, 진부중학교 학생들, 그리고 다문화가정의 참가자들 작품 등 다양한 민화그림과 재미있는 이야기들이 함께 어우러집니다.

민화는 우리 조상들의 삶이 결결이 배어 있고 다양한 이야기를 담고 있는 그림으로, 민중들의 삶의 애환과 아름다운 정서가 담겨 있는 그림이라고 할 수 있습니다. 또한 다양한 사람들이 부담 없이 즐기는 그림이기도 합니다. 이러한 민화의 정서를 그대로 이번 전시에 접목하여 다양한 사람들이 참여하고 즐기는 시간으로 바쁘신 중에도 정성어린 민화전시회에 참석하시어 함께 즐기는 자리가 되기를 기원합니다.

- 전시 시간 : 2012년 10월 13일 ~ 11월 11일
- 전시 장소 : 월정사성보박물관 제3전시실

보도자료	어린이 여름 문화틔움터 (어린이 테마캠프) **"붓으로 옛 선인을 만나다"** 월정사 문수청소년회 2012. 07. 12

"어린이 여름 문화틔움터 (어린이 테마캠프)
- 붓으로 옛 선인을 만나다"

　월정사 문수청소년회는 월정사 성보박물관과 함께 여름방학을 맞아 초등학생 고학년(4~6학년)을 대상으로 '여름 어린이 문화틔움터' 프로그램을 진행한다. '붓으로 옛 선인을 만나다(복권기금지원사업)'라는 주제 아래 오는 8월7일부터 9일까지 열리는 여름 어린이 문화틔움터는 7월 10일부터 신청하면 참여가 가능하다.

　문화틔움터 교실은 문화와 놀이를 하나의 프로그램으로 묶어 어린이들이 체험을 통해서 생각을 키우게 도와주는 월정사만의 교육철학이 녹아 있는 프로그램들로 구성되어있다. 주요 프로그램은 △민화교육 △사찰예절및 불교에 대한 이해 △환경을 생각하며 남기지 않는 발우공양 △하심(下心)을 배우는 108배 △전나무 숲길 걷기와 명상 △탁본체험, 도자기풍경 만들기 체험 등 어린이들의 불교문화와 민화를 통한 전통문화를 느끼게 해주는 프로그램으로 구성되어있다.

　참가신청은 월정사 홈페이지(www.woljeongsa.org)나 문수청소년회 홈페이지(www.moonsoo1318.org)로 신청가능하다.

문의 : 월정사 문수청소년회
(☎ 033-335-1318/9, 033-646-1318 담당자 : 김은경)

제목이 간결하고 인상적이어서 알리고자 하는 내용의 핵심이 한눈에 들어온다.

그러나 제목의 취지에 부합하는 테마 프로그램을 구체적으로 소개하는 노력은 부족했다. 여러 프로그램을 똑같은 비중으로 나열할 것이 아니라 '붓으로 옛 선인을 만나다'라는 제목에 걸맞은 프로그램, 즉 민화 교육과 탁본 체험 등을 부각해야 한다.

그 다음에 월정사의 대표 브랜드 격인 전나무 숲길 걷기를 내세운다. 사찰 예절, 불교에 대한 이해, 발우공양, 108배 등은 여느 사찰에서 쉽게 체험할 수 있는 프로그램이므로 맨 뒤에 덧붙이면 된다.

12일 배포하는 보도자료에 <7월 10일부터 신청하면 참여가 가능하다>고 써놓으면 곤란하다. 시작 날짜를 표시하지 않고 마감 날짜만 표기하든지, 마감 날짜가 따로 없다면 <지난 10일부터 신청을 받고 있다>고 쓰면 된다.

신청자에게는 이미 지난 신청 시작 날짜보다 마감 날짜가 훨씬 중요하다. 만일 마감 전에 정원이 찰 가능성이 높다면 정원 숫자와 함께 선착순으로 모집한다는 사실을 알려주어야 한다. 담당자의 휴대전화 번호도 병기해 놓으면 훨씬 친절해 보인다.

4. 보도자료를 어떻게 배포할 것인가

잘 만들어진 보도자료라 해도 어떻게 언제 배포하느냐에 따라 기사화 가능성이 달라진다. 보도자료 배포에도 원칙과 요령이 있다.

① 타이밍이 중요하다

　기자들이 가장 필요로 하는 시간에 보도자료가 도착한다면 반가울 것이다. 그것은 바로 기삿거리에 가장 목이 말라 있을 때다.
　조간신문을 기준으로 할 때 오전 9시 출근 시간을 전후해 보도자료를 보내면 해당 기사 아이템을 찾지 못한 기자에게는 가뭄에 단비 격일 것이다. 또 편집회의 이전에 기자가 보고를 해야 지면에 실릴 가능성이 높다. 한창 기사 작성에 바쁜 오후 3시 전후에 기사를 보낸다면 열어 보기도 귀찮을 것이다.
　일요일이나 월요일 아침도 괜찮은 타이밍이다. 신문사들은 배달이나 광고 때문에 일요일자 신문을 내지 않고 일요일에 출근해 월요일자를 만든다. 기삿거리가 없을 때 지면을 준비해야 하는 것이다.
　스트레이트 부서의 기자가 아니라 문화부나 잡지의 기자라면 사정이 달라진다. 문화면은 대개 요일별로 지면을 두고 있고 사전에 기획해 기사를 작성한다. 문화부 기삿거리라면 해당 면이 어느 요일에 실리는지, 주·월간지라면 마감이 언제인지 파악해 적절할 때 보도자료를 보내야 한다.

② 누구에게 배포할지 잘 파악하라

　가급적 많은 기자에게 보도자료를 배포하는 것이 좋겠지만 그럴 필요는 없고 꼭 그렇지도 않다. 해당 사안에 전혀 관심이 없는 매체나 관련 없는 기자에게 보낸다면 짐만 될 뿐이다. 담당기자를 빼놓고 엉뚱한 기자에게 보도자료가 간다면 불쾌하게 여길 수도 있다. 그래서 담당기자의 이름과 연락처를 확보하는 것이 중요하다.

어떤 보도자료가 종교면에 실릴 수도 있고 인물면에 실릴 수도 있고 출판면에 실릴 수도 있다고 하자. 그럴 경우 모두에게 보내고 난 뒤 "알아서 조정하겠지"라고 생각할 게 아니라 어디에 실리는 게 가장 효과가 높을지, 어느 기자와 가장 친분이 있는지, 어느 지면이 가장 여유가 있는지 알아본 뒤 적절한 기자에게 보내는 것이 가장 좋다.

③ 동시에 배포하라

언론사들은 경쟁의식이 치열하다. 보도자료를 특정 언론사에만 유독 늦게 보낸다든지 특정 언론사는 빼놓는다든지 하면 해당 기자와 원수가 될 수도 있다.

사안에 따라서는 특정 언론사에만 보도자료를 먼저 주는 경우가 없지 않다. 일제히 보내면 기사가 실릴 확률은 높아지겠지만 크게 실리기는 어렵다. 그러나 특정 언론사에만 주면 특종기사라고 생각해 크게 실을 수도 있다. 기자들이 먼저 이런 제안을 해오는 경우도 종종 있다.

그러나 위험 부담이 크다. 나머지 모든 언론사로부터 비난을 받을 각오를 해야 하는 것이다. 효과가 클 것으로 보이는 매체의 기자에게 기사 아이템을 넌지시 귀띔해준 뒤 그 기자가 독자적으로 취재에 나서도록 하는 것은 그래도 낫다. 완성된 형태의 보도자료를 한 명에게만 제공했다는 사실이 알려지면 홍보 담당자는 자리를 부지하기 어려울 것이다.

④ 이메일로 보내는 것이 좋다

　보도자료를 보내는 방법은 우편, 이메일, 팩시밀리, 퀵서비스, 방문 전달, 보도자료 릴리스 대행사 등 여러 가지가 있다.

　비용면에서나 효과면에서나 가장 효율적인 것은 이메일이다. 팩시밀리나 우편은 기자에게 직접 전달되지 않을 수도 있고 책상 위에 놓아두었다가 분실할 우려도 많다. 기자가 사무실에 늘 있는 것도 아니고, 기자실에도 고정 부스가 없어지는 추세이므로 이메일로 보내야만 언제 어디서든 손쉽게 내용을 확인할 수 있다.

　이메일은 기자가 열어 보았는지 확인하기도 쉽다. 비용이 들지 않고 한꺼번에 보내기도 좋다. 용량만 충분하다면 보관하기도 좋고 찾아보기도 좋다.

　가장 큰 장점은 기자가 보도자료를 기사 작성 화면 위에 띄워 놓은 뒤 약간의 첨삭만 한 뒤 곧바로 송고할 수 있다는 것이다. 팩시밀리로 보내거나 직접 방문해 프린트된 자료를 건네주면 일일이 키보드를 눌러 문장을 작성해야 한다. 기자들이 그 정도 일도 안 하려고 하느냐고 반문할지 모르겠으나 실제로 그런 기자들이 적지 않다.

　이메일로 보낼 때 보도자료를 파일로만 첨부하지 말고 이메일 본문에도 보도자료 내용을 함께 보내는 것이 좋다. 귀찮아서 파일을 열어보지 않을 수도 있고 양식이 달라 파일이 잘 안 열릴 수도 있기 때문이다.

보내는 사람이나 제목도 중요하다. 기자들은 홍보 담당자의 이름을 일일이 기억하기 어려우므로 기관명으로 보내는 게 낫다. '월정사○○○', '봉축위○○○'처럼 기관과 이름을 함께 붙여 보내면 더욱 좋다.

제목을 '○○○입니다'나 '안녕하세요'로 달면 내용을 알기도 어려울뿐만 아니라 스팸메일로 오해해 삭제할 우려가 있다. '홍보 자료를 보냅니다'라는 제목도 마찬가지다. 어떤 회사에서는 '홍보'나 '광고'라는 단어를 금칙어로 설정해 전달되지 않도록 하기도 한다.

'보도자료'라고만 쓴 제목도 바람직하지 않다. 하루에도 수십, 수백 건의 보도자료를 받아봐야 하는 기자 입장에서는 일일이 열어 보기도 귀찮다. 기관명과 함께 제목의 핵심 키워드를 담아 보내는 게 가장 좋다. '<보도자료>(조계종 종정 신년 법어)'라거나 '조계종 총무원장 기자간담회 내일 낮 12시입니다' 등으로 제목을 다는 것이다. 제목에 핵심 단어가 담겨야 나중에 검색하기도 좋다.

이메일로만 보내고 말 것이 아니라 홍보 담당자가 기자를 만나 인사를 나누고 취지를 직접 설명하는 방법이 좋기는 하다. 그러려면 시간도 많이 들고 기자와 약속 시간을 잡기도 어렵다. 한창 바쁜 시간에 가면 기자가 홍보 담당자에게 눈길도 주지 않은 채 보도자료만 놓고 그냥 가라고 손짓하는 경우도 있다. 십여 군데 언론사에 일제히 보도자료를 전달하는 것도 불가능하다. 기자와 얼굴을 익히려면 따로 시간을 잡아서 만나고 일상적인 보도자료는 이메일로 보내야 한다.

신제품을 직접 전달해야 할 경우도 있다. 책이나 CD 등은 이메일로 보낼 수 없는 것들이다. 간단한 기념품이나 선물을 건네주고 싶을 때도 있을 것이다. 그것은 그에 맞게 택배나 보도자료 릴리스 대행사나 직접 방문 등 여러 가지 방법을 적절하게 선택하면 된다.

⑤ 확인 전화를 잊지 말라

보도자료를 이메일로만 보낸 뒤 기사가 나오기만 기다릴 수는 없다. 사전 사후 작업도 필요하다. 전화를 미리 걸어 언제쯤 이러이러한 내용의 보도자료를 보낼 예정이라고 알려주면 기자들이 취재 스케줄이나 지면 계획을 잡는 데 도움이 된다.

이메일을 보낸 뒤에도 잘 받았는지, 기사화할 계획이 있는지 등을 물어보며 부탁하는 것이 좋다. "검토해 보겠다"는 정도의 퉁명스러운 대답이 돌아오기 일쑤지만 그래도 성의와 관심을 보이는 일이고 기자에게 은근한 압력(?)이 될 수도 있다. 기사가 언제 나오느냐고 독촉하듯이 물어보면 역효과를 부르기도 하므로 적정선을 넘지 말아야 한다.

이메일을 보낼 때도 첫머리에 간단한 인사말을 보내면 기자가 호감을 보일 가능성이 높다. 기자마다 근황에 대한 안부를 물으며 각각 다른 인사말을 보내면 더욱 좋다. 그러나 배포 대상이 많을 때는 쉽지 않은 것이 사실이다.

5. 기자회견이나 기자간담회는 어떻게 하나

중요한 사안이라면 기자회견을 잡아 책임자가 직접 발표하는 방식이 바람직하다. 기자들이 즉석에서 궁금한 것을 묻고 책임자의 답변과 설명을 들을 수 있기 때문이다. TV나 라디오 방송사에서는 기자회견이 아니라면 일일이 취재해 기사화하기가 쉽지 않다.

중대 발표가 아니더라도 누가 새로 취임했다든가 해가 바뀌었다든가 할 때 기자들과 함께 차를 마시거나 식사를 하는 자리가 필요하다. 자연스럽게 얼굴을 익히는 기회가 될 뿐만 아니라 책임자의 생각이나 계획을 자연스럽게 알릴 수 있고 기자들의 의견도 들을 수 있기 때문이다.

기자 간담회는 합동 인터뷰 자리가 되기도 한다. 자연스럽게 서로 묻고 답하거나 의견을 주고받는 등의 내용이 인터뷰 기사로 나올 때가 많다.

① 시점을 잘 잡아라

보도자료 배포와 마찬가지로 타이밍이 대단히 중요하다. 다른 중요한 취재 일정이 있는 날이거나 엄청난 빅뉴스가 터진 날 잡으면 공치기 십상이다. 물론 예기치 못한 일이 있을 수 있다. 긴급 기자회견도 있지만 적어도 열흘 전에 잡는 경우도 많기 때문이다.

그래도 명절 전후나 휴가철이나 올림픽 시즌이나 선거를 전후해서는 기자들이 시간을 내기도 어렵고 다른 기사에 묻혀 지면에 실리기도 어렵다.

　이를테면 요즘 사회적으로 무슨 일이 가장 뜨거운 이슈인지, 종교계에 다른 어떤 행사가 있는지 등을 파악해 기자회견 타이밍을 잡아야 하는 것이다.

　엄청난 사회적 이슈를 피하려고만 할 게 아니라 반대로 이를 이용할 수도 있다. 사회적으로 논란이 일고 있는 사안에 관해 불교계의 원로 스님이나 고위급 소임자가 견해를 발표하면 큰 뉴스가 될 수 있다.

　기자회견은 월요일과 금요일을 피하는 것이 바람직하다. 주초와 주말에는 마음이 바쁘기 때문이다. 그날 지면에 소화할 만한 스트레이트 뉴스거리라면 시간대는 오전이 좋다.

　기자간담회는 주초나 주말이어도 큰 상관이 없다. 곧바로 기사화할 만한 사안이 아닌 경우가 많기 때문이다. 시간대는 점심을 이용하는 것이 좋다. 기자들도 밥은 먹어야 하기 때문이다. 정말 바쁘면 샌드위치를 배달시켜 먹고 끼니를 때우기도 하지만 대개는 점심시간을 취재원과 만나 취재하고 동료 기자들과 정보를 교환하는 기회로 활용한다. 마음 편하게 만나 스킨십을 다지려면 저녁에 만나 술을 곁들이는 것도 좋다.

② **장소를 잘 선택하라**

　기자회견 장소는 우선 접근성이 좋아야 한다. 신문사는 대개 광화문 네거리 주변에 자리 잡고 있다. 자체 건물에 기자회견을 할 만한 공간이 없다면 광화문 네거리에서 멀지 않은 곳에서 기자회견을 하는 것이 좋다.

기자회견 주제에 따라서는 상징성을 높이기 위해 특정 장소에서 기자회견을 할 수도 있다. 이 경우에도 기자들의 접근성을 고려할 필요가 있다.

좌석, 음향시설, 조명, 카메라 기자들이 사진을 찍을 만한 자리, 노트북컴퓨터 전원을 꽂을 수 있는 장치, 와이파이존인지 여부 등도 감안해야 한다. 최고급 호텔도 피하는 것이 좋고 비좁은 사무실도 바람직하지 않다. 기자간담회는 차나 식사와 겸하는 경우가 보통이어서 사무실이나 식당 등이 적절하다. 이때도 지나치게 고급스럽거나 허름한 곳은 피해야 한다. 시끄럽거나 어수선하지 않고 조용히 대화를 나눌 수 있는 공간이 확보돼야 한다.

지방에서 주요 행사가 열리고 그에 맞춰 현장에서 기자회견이 마련되는 경우도 있다. 이때는 교통, 숙박, 식사 등을 주최 측이 제공하든 그렇지 않든 더욱 꼼꼼한 준비가 필요하다.

③ 참석자를 거듭 확인하라

애써 장소를 마련해 기자회견이나 기자간담회를 잡아 놓았는데 기자들이 몇 명밖에 오지 않는다면 맥 빠지는 일이 아닐 수 없다. 기자회견 주인공은 무시당했다는 생각이 들 테고 홍보 담당자는 능력을 의심받게 된다. 그 자리에 참석한 기자들도 괜히 왔다는 마음을 품을지 모른다. 약속 시간에 늦게 나타나는 경우도 많다.

기자들은 갑작스러운 취재 지시를 받거나 기사 마감에 쫓겨 온다고 했다가 오지 않거나 늦게 오기가 일쑤다. 미리 참석 여부를 물어

봐도 "그때 봐서"라며 건성으로 대답하는 경우가 많다. 그래서 귀찮을 정도로 거듭 확인하고 다짐을 받아야 한다. 그래야 불참자를 줄일 수 있고, 그럼에도 불구하고 참석 약속을 어기면 미안해서 다음에는 꼭 약속을 지키려 할 것이다.

반대로 기자회견이나 간담회 장소에 비해 너무 많은 기자가 오는 것도 곤란하다. 참석 범위를 치밀하게 예상해 그에 맞도록 장소를 정해야 한다. 사무실에서 차를 마시거나 식당에서 밥을 먹는 간담회라면 기자단 간사나 그에 준하는 역할을 하는 기자와 미리 상의를 하도록 하라. 일시나 장소를 정할 때도 마찬가지다.

원래 오기로 한 주인공이나 배석자가 오지 않는 것도 낭패스러운 일이다. 기껏 바쁜 시간을 쪼개 왔는데 나오기로 한 책임자가 불참하고 대신 부책임자가 자리하고 있다면 기자들은 화를 낼 것이다. 주최 측 참석자나 외부 찬조 참석자의 스케줄도 꼼꼼히 확인해야 한다.

④ 보도자료를 준비하라

기자회견문을 읽는 것을 그대로 받아 적기는 어렵다. 신문기자들은 특별한 내용의 기자회견이나 인터뷰가 아니라면 녹음을 잘 하지 않는다.

그렇기 때문에 기자회견문이나 보도자료를 준비해 미리 배포하는 것이 도움이 된다. 기자들은 수첩이 아니라 보도자료에 간단한 메모를 하기도 한다.

편하게 만나는 기자간담회 자리라 해도 보도자료를 준비할 필요가 있다. 찾는 기자들이 있을 수 있고, 기사를 쓸 생각이 없었다가도 마음이 바뀔 수 있기 때문이다. 한두 장짜리 간단한 보도자료라도 나눠주고 난 뒤 이야기를 시작하면 화제를 집중시킬 수 있다.

사진이나 관련 자료를 함께 봉투에 담아 주는 것도 좋은 방법이다. 국제회의장이나 기업체의 신제품 발표회 등에서는 자료집과 기념품 등을 넣은 프레스키트(press kit)를 나눠주기도 한다. 기자회견이나 간담회에 참석하지 않은 기자에게도 보도자료를 전해주며 전화를 거는 것이 좋다. 현장에 오지 않았다고 해서 기사를 쓰지 않는 것은 아니기 때문이다.

⑤ 리허설을 해보라

사전 준비는 꼼꼼하게 해야 한다. 마이크가 작동되지 않거나 흥분한 시민이 난입하는 등의 예기치 않은 상황이 가급적 생기지 않도록 만전을 기해야 한다.

곤혹스러운 질문이나 돌발적인 발언에 당황하지 않도록 기자회견 주인공에게 사전에 예상 질문을 주어 답변을 준비하도록 할 필요도 있다.

기자들은 비판과 감시를 사명으로 여기는 만큼 공격적이고 껄끄러운 질문이 나오더라도 흥분하지 말고 그러려니 하고 넘어가야 한다. 모의 기자회견 형식으로 리허설을 하면 현장에서 당황하지 않고 차분하게 대처하는 데 도움이 된다.

발언이 끝나면 기자들에게 질문 기회를 주는 것이 보통이다.

그런데 웬만큼 주목을 끄는 뉴스메이커가 아니라면 질문자가 없어 한동안 어색한 침묵이 흐르기 일쑤다.

이를 막기 위해 사회자가 특정 기자를 지명해 질문을 요청하거나 친한 기자들에게 어떤 질문을 해달라고 미리 부탁하는 것도 좋은 방법이다.

기자회견에서도 보도자료를 작성할 때와 마찬가지로 간결하고 명확하게 답변해야 한다. 핵심이 무엇인지 알기 어렵게 장황하게 설명하거나 여러 가지로 해석될 수 있는 모호한 발언을 하면 기사가 엉뚱하게 나갈 우려가 있다.

기자회견이나 기자간담회가 끝난 뒤에는 보도자료를 보냈을 때와 마찬가지로 확인 전화를 걸어야 한다. 참석해 주어 고맙다고 말하며 기사화 여부를 물어볼 필요가 있다. 다른 기자들이 기사를 쓸 계획이 있는지 홍보 담당자에게 물어오는 경우도 있다. 과장을 하면 안 되지만 "몇몇 기자들이 관심을 보이며 이것저것 물어 보더라"고 대답하면 기사화 가능성이 높아진다.

6. 사후 관리도 중요하다

기사가 나간 뒤의 관리도 중요하다. 우선 인터넷이나 가판을 체크해 기사가 어떻게 났는지 신속하게 확인해야 한다.

① 기자에게 감사의 뜻을 표시하라

홍보 취지가 그런 대로 잘 반영돼 기사가 게재됐다면 기자에게 고마움을 표시하도록 한다. 이것 역시 빠르면 빠를수록 좋다. 자신의 매체와 기사에 관심을 많이 쏟고 있다는 징표여서 기자들이 좋아한다.

기자에게 말로만 감사하다고 하는 게 뭔가 부족하다고 여길 수도 있으나 기자에게는 식사 대접이나 선물보다 기사에 대한 찬사가 가장 큰 선물이다. "기사 잘 봤습니다"라고 하며 "역시 대단하시네요" 따위와 같은 식의 칭찬을 곁들이면 기자가 오히려 고마움을 느낀다.

② 오보에는 신속히 대응하라

오보가 나오면 즉각 정정을 요청해야 한다. 시간이 흐를수록 바로잡기도 힘들어지고 기사가 확산돼 정정의 효과를 거두기도 어렵다. 특히 비판성 기사가 나갈 기미가 있다면 최종판(시내판) 전에 기사가 수정되거나 교체될 수 있도록 긴장의 끈을 놓지 말아야 한다.

요즘 언론사들은 숫자나 고유명사 등 명백한 팩트가 틀렸다면 정정에 비교적 인색하지 않다.

반면에 기사의 취지나 방향을 문제 삼으면 기자의 관점을 내세우며 좀처럼 수긍하지 않는다. 법원도 사실이 아닌 의견의 영역에서는 언론의 자율권을 인정하는 추세다. 그러나 사실과 의견의 구분이 모호할 때가 적지 않다.

【 오보의 원인과 유형 】

오보의 원인과 유형에 따라서도 대처방법이 다르다. 보도자료에 오류가 있거나 홍보 담당자가 잘못 설명했을 수도 있고 기자의 실수나 오해에서 비롯된 오보도 있다. 어떤 이유에서인지는 몰라도 악의를 품은 기사도 있고 사회적 분위기에 편승하는 경우도 있다. 급박한 마감 시간, 매체 간의 지나친 경쟁, 사안을 단순화하려는 속성, 갈등지향적 보도 경향 등이 오보를 부르는 측면도 있다.

오보의 유형도 단순한 오탈자에서부터 팩트의 오류, 주요한 팩트의 누락, 추측성 보도, 확정되지 않은 사실에 대한 단정, 빙산의 일각을 일반화하는 것, 침소봉대식 과장 보도, 기자의 관점을 객관적 사실처럼 기술하는 아전인수격 보도, 의도적인 왜곡 보도에 이르기까지 다양하다.

【 오보에 대처하는 방법 】

대처방법은 사안에 따라 기자와의 관계에 따라 다르다. 당당하게 요구하다가 미운 털이 박힐 수도 있고 인간적인 호소가 마치 취재원 쪽에서 잘못이 있는 것처럼 비치게 만들기도 한다. 우선 담당기자에게 구체적 사실을 들어 논리적으로 설명한 뒤 시정될 가능성이 없어 보이면 담당 데스크, 편집국장을 설득해야 한다. 그래도 시정되지 않으면 반론의 기회를 요구한다. 이마저 거부되면 법이 정한 절차를 따른다.

오보의 확산을 막는 것도 중요하다. 다른 매체들이 따라 쓰지 않도록 담당기자들에게 설득과 당부를 해야 한다. 해명과 반박의 내용을 담은 보도자료를 일제히 돌리는 것도 좋다. 경우에 따라서는 언론중재위에 중재신청을 낼 예정이라거나 법적 대응을 준비하고 있다고 말하는 것도 효과적이다.

홍보 담당자들은 흔히 "기사를 빼거나 대폭 수정하는 것이 어렵다면 제목만이라도 고쳐 달라"고 요구한다. 제목이 주는 효과가 워낙 크기 때문이다. 그러나 신문사들은 고유 권한임을 내세워 잘 수용하지 않으려 한다.

경제계에서는 부정적 보도가 나왔을 때 회사명이나 제품명이라도 영문 이니셜로 바꿔 달라고 요구하는 사례가 많다. 예를 들어 "명동의 L백화점"이라는 식이면 익명성이 보장되지 않을 텐데도 굳이 바꾸려고 한다. 나중에 인터넷에 기업명을 넣어 기사를 검색할 때 나오지 않기 때문이다.

언론사들은 오보의 정정에 인색한 편이다. 언론사의 신뢰에 금이 가고 담당기자도 불명예스럽게 여기기 때문이다. 언론사나 기자는 잘못을 인정하면서도 정정을 해주기가 곤란하다며 대신 다른 홍보성 기사를 써주는 것으로 타협을 제의해오기도 한다.

【 언론중재위는 어떻게 이용하는가 】

언론중재위원회는 언론의 잘못된 보도로 인한 피해를 신속히 구제하기 위해 만든 기구다. 소송으로 가면 비용과 시간도 많이 들고 설혹 피해자가 승소하더라도 피해 회복이 사실상 불가능해 실익이 없는 사례가 많기 때문이다. 언론사로서도 소송에 따른 부담을 덜 수 있는 측면이 있다.

그러나 언론중재위에 조정을 신청하는 것만으로도 언론사와의 관계가 악화될 소지가 있는 만큼 신중할 필요가 있다. 가급적 언론사와 직접 대화로 해결하는 게 가장 좋다.

언론중재위는 현직 법관, 전직 언론인, 대학 교수 등으로 구성된다. 서울을 포함해 전국 11개 시도에 중재위가 설치돼 있다.

편파보도, 허위보도, 과장보도, 왜곡보도 등으로 조직이나 개인이 피해를 본 경우 정정보도, 반론보도, 추후보도, 손해배상을 청구할 수 있다. 반론보도는 오보를 바로잡는 정정보도와 달리 피해자의 반론을 실어주는 것을 말한다.

추후보도는 범죄 혐의가 있거나 형사상 조치를 받았다고 언론이 보도했으나 무죄로 확정판결이 난 경우 무죄라는 취지의 내용을 뒤늦게 실어주는 것을 뜻한다. 당시 언론이 공신력 있는 국가기관의 공식 발표를 기사화했다면 위법성이 면책되었을 경우에도 피해자의 명예를 회복해줄 책임은 따른다. 중재위의 결정은 재판상 화해와 동일한 효력을 지닌다. 그러나 신청인이나 언론사가 불복하면 효력을 상실한다.

중재위에 조정을 신청하는 방법이나 절차는 비교적 간단하다. 신청서에 청구의 취지와 원하는 내용을 적고 증빙 자료를 첨부하면 된다. 이메일로 신청할 수도 있으며 상담도 해준다. 신문, 잡지, 방송, 인터넷 매체, 포털 등이 모두 대상이 된다. 보도가 있음을 안 날로부터 3개월, 보도가 나온 지 6개월 안에 신청해야 한다.

【 언론 소송은 어떻게 하는가 】

언론중재위 조정이 불성립되면 소송을 제기할 수 있다. 언론중재위를 거치지 않고 곧바로 소송을 낼 수도 있다. 중재 신청과 마찬가지로 민사법원에 손해배상, 정정보도, 반론보도, 추후보도를 청구할 수 있고 명예훼손 등의 혐의로 경찰이나 검찰에 고소·고발하는 방법도 있다.

치명적인 오보나 악의적 보도가 예상돼 회복하기 어려운 피해가 우려될 때는 방송금지, 혹은 배포금지 가처분 신청을 낼 수도 있다. 가처분 신청은 며칠 만에 결정이 나기도 한다.

법원은 위법성 조각 사유라고 해서 공공의 이익에 관한 것이라든지 기자가 진실로 믿을 만한 상당한 이유가 있다고 판단하면 명예훼손이 이뤄졌다고 해도 언론의 책임을 묻지 않는다. 또 사실의 적시가 아니라 의견이나 논평에 관한 영역이라면 언론 자유를 보장하는 차원에서 언론사의 손을 들어준다.

소송은 중재 신청보다 비용과 시간이 훨씬 더 들고 언론사나 기자와 등을 돌릴 각오를 해야 하기 때문에 더욱 신중해야 한다. 그러나 이왕 소송을 내기로 마음을 먹었다면 치밀하게 준비해야 한다. 개인적으로는 대응하기 어렵고 변호사에 의뢰하는 것이 좋다.

③ 사후 평가를 실시하라

　이튿날 여러 매체를 비교해보며 어느 매체는 기사를 쓰고 어느 곳은 기사를 쓰지 않았는지, 보도자료나 기자회견의 취지가 제대로 반영됐는지, 경쟁상대는 어떻게 다뤘는지 등을 점검하고 평가해야 한다.

　그래야만 언론사와 기자를 어떻게 대할지 대책을 세울 수 있고 그에 맞춰 보도자료 작성 등 홍보 전략을 수정해야 하기 때문이다.

제8장

위기관리 홍보란 무엇인가

1. 위기관리 홍보는 왜 필요한가

 어떤 조직이나 뜻하지 않게 위기를 맞을 수 있다. 불교의 경우 여러 차례 분규를 겪었고 도박 사건으로 수모를 당하기도 했다. 화재나 도난 등의 사건도 끊이지 않는다. 좋은 이미지를 쌓아 올리려면 오랜 시간이 걸리지만 위상이 추락하는 것은 한순간이다.
 홍보학계에서는 위기를 '조직의 미래 성장과 이익과 생존에 위험을 가할 가능성이 있는 사건'이라고 정의한다. 현실에서는 통상적인 사안은 제외하고 돌발적이고 중대한 부정적 사건이나 현상을 일컫는다. 위기의 요인을 완벽하게 통제할 수는 없다. 위기의 요인을 최대한 줄이려고 노력할 뿐이다. 그래서 위기가 닥쳤을 때 어떻게 대처하는지 준비를 하고 있어야 한다. 이 가운데 홍보의 역할이 매우 중요하다. 조직의 이미지 실추를 막고 조직 내부를 추슬러 위상을 회복하려면 안팎의 커뮤니케이션이 원활하게 이뤄져야 하기 때문이다.

2. 위기에 대처하는 5가지 기본 원칙

 위기관리의 첫째 원칙은 신속성이다. 백약이 무효라는 심정으로 손을 놓고 있거나 무엇을 해야 할지 몰라 허둥대면 부정적 보도는 날로 확산된다. 빨리 대처해야 회복도 빠르다. 사과할 일은 신속하게 사과하고 필요한 조치는 서둘러야 한다. 타이밍을 놓치면 마치 여론에 떼밀려 마지못해 사과하거나 사후 조치에 나서는 인상을 준다.
 둘째는 일관성이다. 사건의 원인이나 배경, 해결 방향, 전망 등에 대해 조직 구성원들이 제각각 언론에 말한다면 위기를 가중시킨다. 내부에서는 치열하게 논쟁을 벌이더라도 대외적으로는 한목소리가 나갈 수 있도록 창구를 단일화해야 한다. 그러기 위해서는 가장 믿을 만하고 유능한 인물이 대외홍보 책임자(대변인)를 맡아야 하며 조직은 그에게 무게를 실어줘야 한다.

셋째는 개방성이다. 일관된 목소리가 나가기 위해서라도 내부에서는 소통이 잘되고 민주적인 토론이 이뤄져야 한다. 특히 대변인과 조직의 대표자는 위기의 발생 원인과 과정, 해결책 등을 명확히 알고 있어야 한다.

넷째는 공감성이다. 사건 발생으로 큰 피해를 봤거나 희생된 사람에 대해 동정심과 유감을 적극적으로 표현해 대중의 공감을 사야 한다.

다섯째는 신뢰성이다. 조직의 최고 책임자가 나서야 믿음을 줄 수 있다. 최고 책임자가 해결책을 발표하고 적극적으로 추진하겠다는 의지를 밝혀 신뢰를 회복해야 한다.

3. 위기에는 언론을 어떻게 대할 것인가

위기를 맞게 되면 부정적 보도가 줄을 잇기 때문에 기자를 만나기를 꺼린다. 그러나 그럴 때일수록 기자들과 자주 접촉해야 한다. 사건 현장과 가깝고 기자들의 접근성이 좋은 곳에 임시 기자실을 만들어 충분한 정보를 제공하고 성실하게 답변해야 오해가 줄어든다.

대변인이나 홍보 스태프가 잘 모르는 듯한 태도를 취하거나 답변을

꺼리는 인상을 주면 기자들은 뭔가 감춘다고 생각해 해당 관련자에게 직접 취재를 시도한다. 해당 부서나 관련자가 창구를 일원화했다며 대변인에게 다시 미루면 추측성 기사가 나오는 것이다. 대변인은 추측성 발언을 삼가야 한다. 아무리 개인적인 견해라도 언론에는 조직의 입장으로 나갈 가능성이 높다. 이미 밝혀진 것은 솔직히 밝히고 조사 중인 것은 조사가 끝나야 알 수 있다고 명확하게 말해야 한다. 조사가 끝나지 않았는데도 우발적이거나 단순한 사건으로 단정하는 듯한 발언도 삼가야 한다. 독자에게는 사안의 중대성을 인식하지 못하고 별일 아닌 것처럼 대한다는 인상을 줄 수도 있다. 또 나중에 그것이 아닌 것으로 드러나면 은폐나 축소 기도가 있었다는 비판을 받게 된다.

4. 위기 대응 매뉴얼을 만들라

위기가 자주 찾아오는 것은 아니지만 적절히 대처하지 못하면 조직이 존폐의 기로에 놓일 수도 있다. 사건의 흐름에 따라 대응 원칙은 무엇인지, 누가 대변인을 맡을지, 대변인 유고 시에는 누가 대행할지, 홍보 스태프에는 누가 합류할지, 상황실은 어떻게 구성할지, 기자회견은 어떤 형식으로 할지, 보도자료는 어떻게 만들지 등을 세세하게 규정해 놓아야 한다.

위기가 닥쳤을 때 매뉴얼이 휴지조각이 되지 않도록 가상훈련을 실시하는 것도 도움이 된다. 예전에 위기가 닥쳤을 때 어떻게 대처했고 효과는 어땠는지를 잘 정리해 놓는 것도 필요하다.

| 방함록 |

대한불교조계종

총무원장 자승

총무원 기획실

기획실장 주경   기획국장 남전   기획차장 이석심
홍보팀장 박정규   언론홍보 양원준   웹홍보 손영희
Tel. 02-2011-1731   E-mail. jayu@buddhism.or.kr

미디어위원회

이동식   권복기   김석종   김성모   김성호   박승규   서기철   서쌍교
서화동   오기현   유권하   윤영찬   이동애   이선민   이종승   이희용
정성후   정순경   정천기   허 엽   황선욱